KLIO VERIGOU

GLÜCKSMOMENTE AUF Kreta

130 Orte & Erlebnisse, die glücklich machen

BRUCKMANN

Inhalt

Vorwort

Kalós orísate! Herzlich willkommen auf Kreta, der größten Insel Griechenlands – und einem eigenen kleinen Kosmos. Der mit fast unendlich viel Sonne, Strand und Meer glücklich macht und mit faszinierenden Attraktionen wie uralten Klöstern oder Knossos, Heimat der ersten Hochkultur Europas. Aber es ist längst nicht nur das Altbekannte, es sind auch nicht nur die romantischen Sonnenuntergänge am blau, grün und türkisfarben schimmernden Meer oder die südseehaft anmutenden Strände. Auch nicht nur die urigen Bergdörfer mit ihrem spektakulären Sternenhimmel, die Sie in ihren Bann ziehen …

Immer wieder macht diese Insel auch mit ihrer Natur einfach nur glücklich. Mit atemberaubenden Schluchten, die aus den Bergen ans Meer führen, schneebedeckten Gipfeln, die bis in den Frühling hinein in der Sonne glitzern, und mit den Aromen der kretischen Kräuter, die im Landesinneren überall in der Luft liegen.

Für die beglückendsten Augenblicke sorgen aber vor allem einfache Dinge: das frisch gebackene Brot aus dem Holzofen, köstliches, bodenständiges Essen oder ein *rakí* im *kafenío* am Dorfplatz. Und die herzlichen Menschen, denn erst durch sie wird Kreta so unvergesslich. Mich fasziniert hier, dass man immer wieder auf Leute trifft, die einem das Gefühl geben, willkommen zu sein – egal, ob man sich nun mit Händen und Füßen über Gott und die Welt unterhält oder spontan bei kretischer Musik zusammen feiert!

Viele bleibende Erlebnisse und Begegnungen wünscht Ihnen

Klio Verigou

Santori
Dia
Fodele
Iraklio
Tilissos
Knossos
Cretaq
Karteros
Giofiros
Archanes
Profitis Ilias
Choudetsi
Zaros
Agia Varvata
Ini
Ormos
Messaras
Vori
Mires
Agi Deka
K. Kasteliana
Festos
Gortis
Pombia
Pirgos
Scala
Matala
Thalori
Agiofarango-
Schlucht
Akr. Lithino
Kali Limenes
Lendas

Die Region Iraklio

Obwohl der Regionalbezirk Iraklio mit der Inselhauptstadt stark auf den Alltag der Einheimischen ausgerichtet ist, hält die Region auch für Urlauber viel bereit: Sightseeing lockt ebenso wie ausgiebiges Shopping und bunte Märkte, abwechslungsreiche Strände, gute Restaurants und vielseitige Hotels. Während alles für das Urlauberherz in den Touristenzentren Limenas, Chersonissou und Malia zu finden ist, geht es im lebhaften Matala und in Agia Galini familiärer zu; »alternativer« ist Lendas. In Sachen Kultur locken die Museen von Iraklio, die minoischen Palastanlagen Knossos, Malia und Festos sowie Gortis, Kretas wichtigste Stätte der Antike. Glücksmomente bescheren auch die vielen Weingüter. Absolutes Glücks-Highlight aber ist eine Überfahrt zur Insel Santorin.

Iraklio

INSELMETROPOLE HAUTNAH

Am Puls der modernen kretischen Lebensart

Kretas Hauptstadt ist auf den ersten Blick laut, chaotisch und nicht sonderlich hübsch. Historisches Flair ist rar, und von der uralten Stadtgeschichte zeugt nur wenig. Dass Iraklio der ersten Hochkultur Europas, den Minoern, vor rund 3500 Jahren als Hafen für den Palast von Knossos diente, ist nicht mehr erkennbar. Die wenigen historischen Bauten, die sich zwischen die vielen Betonhäuser mischen, stammen vorwiegend aus der venezianischen Epoche (1204–1669).

Trotz allem macht Iraklio glücklich! Die Inselmetropole lässt die Herzen von Shoppingfreunden höherschlagen und wartet mit spannenden Museen, angesagten Restaurants und geschäftigen Bars. Außerdem bietet der quirlige Stadtkern einen tollen Einblick in den urbanen kretischen Alltag. Zwischen die gut 150 000 Einwohner, die zwischen Juni und September am liebsten im Freien unterwegs sind, mischen sich im Sommer Scharen von Tagestouristen. Dann füllen sich die autofreien Straßen und Plätze, deren Zahl ständig wächst, mit mediterranem Leben, und man ist zwischen Erledigungen und Bummel in den unzähligen Cafés, Tavernen und Restaurants am Genießen. Welches Lokal bei den Städtern – die mit dem Trend der Zeit gehen, sich aber auch an viele Traditionen halten – aktuell beliebt ist, erkennt man beim Streifzug durch die Gassen schnell. Richtig viel los ist meist rund um den sehenswerten Morossini-Brunnen (von 1628), am El-Greco-Park, in der Milatou und im Viertel um die Kirche Agios Minas.

Sightseeing ohne Stress

Innerhalb der 3,5 Kilometer langen Stadtmauer aus dem 16. Jahrhundert kommen auch Sightseeingfans auf ihre Kosten. Wer mal über das Dächer-Wirrwarr blicken möchte, kann die Mauer beispielsweise an der Martinego-Bastion begehen. Museumsfreunde besuchen das Archäologische Museum (siehe S. 12) oder das Historische und das Naturhistorische Museum. Einen Blick lohnt außerdem die Koules-Festung am venezianischen Hafen. Sie wurde aufwendig restauriert, steht trutzig über der Hafeneinfahrt und scheint die vor Anker

liegenden Fischer- und Segelboote zu bewachen. Die Mole dahinter lädt zum ausgiebigen Spaziergang ein. Wenn Sie gern Fisch essen, sind Sie in den Tavernen um die Ecke genau richtig.

Landeinwärts lohnt im Stadtkern der Besuch der Kirche Agios Títos aus dem 19. Jahrhundert. Dort werden die Reliquien des heiligen Titus aufbewahrt, und der Ansatz eines Minaretts zeigt bis heute, dass das Gotteshaus einst als Moschee erbaut und erst 1922 in eine griechisch-orthodoxe Kirche umgewandelt wurde. Von der venezianischen Zeit zeugen im Anschluss die 1629 errichtete Loggia, ein Arkadenbau, einst Treffpunkt des Adels und heute Rathaus, sowie die Pinakothek in der einstigen Basilika San Marco. Freunde byzantinischer Kunst werden schließlich im hübsch gestalteten Ikonenmuseum in der Kirche Agia Ekaterini (1555) glücklich.

Webseite der Gemeinde: www.heraklion.gr · Historisches Museum: www.historical-museum.gr · Naturhistorisches Museum: www.nhmc.uoc.gr · Koules-Festung: http://koules.efah.gr · Ikonenmuseum: www.iakm.gr

Einblicke ins Leben der Minoer

Minoische Kunst begeistert im Archäologischen Museum.

Um sich von dieser einzigartigen Sammlung minoischer Kunst faszinieren zu lassen, müssen Sie wirklich kein Historiker sein! Die Exponate im Archäologischen Museum von Iraklio bieten auch Laien eine reizvolle Reise durch Kretas jahrtausendealte Geschichte – vom Neolithikum bis zur Römerzeit. Besonders anschaulich berichtet das bedeutendste Museum Kretas vom Leben der ersten Hochkultur Europas, diesem revolutionären Volk, das vor 3500 Jahren eindrucksvoll die Insel prägte und um das sich spannende Mythen (siehe S. 38) ranken.

Schwerpunkt ist die Blütezeit der minoischen Kultur, die sogenannte Neupalastzeit (1700–1450 v. Chr.), in der die Minoer auf den Ruinen alter Paläste neue Zentren und Städte gründeten. Ihren Aufbau verdeutlicht ein Holzmodell; von ihrer eleganten Ausstattung zeugen akribisch rekonstruierte, ausdrucksstarke Wandfresken. Mit vielen Farben berichten diese Fresken aus dem Leben der Minoer, beispielsweise der berühmte *Prinz mit den Lilien* und der *Stierspringer* aus dem Palast von Knossos. Weitere Meisterwerke sind das Stierkopf-Rhython, die Schlangengöttin aus Fayence und diverse kostbare Gefäße. Von wichtigen minoischen Kulten zeugen Idole und Tonskulpturen. Eines der prominentesten Ausstellungsstücke ist zugleich das rätselhafteste: der auf beiden Seiten beschriebene *Diskos von Festos* von 1550 v. Chr. Die Tonscheibe mit 241 spiralförmig angeordneten hieroglyphischen Zeichen, der zu dieser Zeit eingeführten

GLÜCKSVERSTÄRKER

Wer sich für die minoische Kunst begeistern kann und Teile aus dem Museum am liebsten sofort mit nach Hause nehmen würde, besucht am besten gleich gegenüber an der Ecke das Souvenirgeschäft von Eleni Kastrinogianni. Hier gibt es wunderschöne Museumsrepliken und viele andere typische Andenken in bester Qualität.

Platia Eleftherias 1 · Iraklio ·
Tel. +30 28 10 22 61 86

Linear-A-Schrift, konnte bislang nur ansatzweise entziffert werden.

Ältere Objekte stammen aus dem Neolithikum, etwa die kleine, kräftige Fruchtbarkeitsgöttin, und aus der Altpalastzeit (2000–1700 v. Chr.), darunter der berühmte goldene Anhänger *Biene von Malia*, von dem es bei vielen Juwelieren Repliken gib. Und das mit Blumen bemalte, filigrane Geschirr, das sich der eine oder andere wohl auch gern heute noch kaufen würde. Funde aus späteren Epochen wie diverse Statuen von Göttern und mythologischen Szenen runden die großartige Ausstellung ab.

Archäologisches Museum · Xanthoudidou 2 · Iraklio · www.heraklionmuseum.gr · Mitte April–Okt. Mi–Mo 8–20, Di 10–20 Uhr, Nov.–Mitte April Mi–Mo 8.30–15.30, Di 10–17 Uhr

Antike Tüftler
VERBLÜFFEN DIE GANZE FAMILIE

Spannende Interaktion im Museum für antike Technologie

Das erst im Jahr 2019 eröffnete private Museum für antike griechische Technologie ist im venezianischen Palazzo d'Ittar aus dem 15. Jahrhundert untergebracht und ideal für einen unterhaltsamen Besuch mit der ganzen Familie. Auf ihre Kosten kommen in den historischen Mauern natürlich auch technisch und historisch Interessierte. Die reizvolle Ausstellung zeugt mit etwa 60 rekonstruierten Exponaten davon, dass die alten Griechen nicht nur in Bereichen wie Philosophie und bildende Künste viel geleistet haben, sondern auch in Sachen Technik weit entwickelt waren. Während alle Besucher durch eine kurze Vorführung der ersten Exponate eine interessante Einführung bekommen, können diejenigen, die mehr Details erfahren wollen, auch eine Führung buchen.

Basierend auf uralten Schriftstücken, Infos auf Tongefäßen und einigen archäologischen Funden konnten nach 25 Jahren akribischer Forschungsarbeit etwa 300 altgriechische Erfindungen rekonstruiert werden. Und so staunen hier Groß und Klein heute über Rekonstruktionen aus 24 Themenbereichen, die teils interaktiv und mit Video-Erklärungen in griechischer und englischer Sprache vom Hightech der Antike berichten. Man wundert sich über die interessanten Parallelen zu den uns bekannten Technologien. Äußerst eindrucksvoll sind etwa der »Roboter« *Dienerin des Philon,* das »Kino« des Heron und der analoge Rechner bzw. Computer »Mechanismus von Antikythera«. Gönnen Sie sich im Anschluss einen Stopp im angeschlossenen Café, während der Nachwuchs sich mit den Spielen der Antike die Zeit vertreibt.

Museum für antike griechische Technologie by Kotsanas · Epimenidou 18 · Iraklio · www.kotsanasmuseum.com/crete · tägl. 9–17 Uhr

ΥΔΡΑΥΛΙΚΗ ΤΕΧΝΟΛΟΓΙΑ
HYDRAULIC TECHNOLOGY

Tolles Ambiente
IM RESTAURANT PESKESI

Kretas Küche zeigt sich hier von ihrer besten Seite.

Wer beim Essen nicht nur Wert auf kulinarische Hochgenüsse legt, sondern diese auch in einem passenden Rahmen erleben möchte, ist im Herzen von Iraklio im Restaurant Peskesi genau richtig. Das historische Gebäude, das von außen zunächst recht unscheinbar wirkt, wurde im Inneren mit viel Liebe zum Detail rustikal eingerichtet. Gemütlich ist es sowohl hier drinnen, wo viel Holz warmes Ambiente schafft, als auch auf der originell dekorierten Terrasse. Sogar an den Stehtischen im Barbereich stimmt das Flair. Kein Wunder, dass es das Peskesi 2014 beim »Restaurant & Bar Design Award« unter die Top Ten geschafft hat und 2019 bei den »Restaurant 100 Awards« zudem als bestes Restaurant für griechische und regionale Küche ausgezeichnet wurde.

Raffiniert und regional

Verständlich, denn die traditionell kretischen, teils pfiffig abgewandelten Köstlichkeiten aus regionalen Zutaten machen wirklich glücklich. Gemüse, Obst und Eier von der eigenen Farm, Fleisch von lokalen Züchtern und viele kretische Gewürze bilden die Basis für saisonal wechselnde Kreationen wie frische Salate, Zicklein mit Joghurt in Pergamentpapier, mit Salbei geräucherte Schweinekoteletts oder die vielen vegetarischen Gerichte. Herrlich abrunden kann man das Essen mit edlen Tropfen von lokalen Weinbauern. Sie lieben Cocktails? Dann probieren Sie unbedingt einen der Hausdrinks, die mindestens eine typisch kretische Zutat enthalten. Wer zum Abendessen kommen möchte, sollte übrigens reservieren, denn die Qualität hat sich herumgesprochen. Mittags ist es einfacher, auch spontan einen Tisch zu bekommen.

Restaurant Peskesi · Kapetan Charalambi 6–8 · Iraklio · www.peskesicrete.gr

GLÜCKSVERSTÄRKER

Obwohl hier im Peskesi – wie in vielen Lokalen Kretas – ein Likör aus **rakí** und ein kleiner Nachtisch auf Rechnung des Hauses serviert werden, sollten Sie zum krönenden Abschluss auch noch den Cheesecake aus heimischen Käsesorten mit Erdbeeren bestellen. Denn der ist wirklich absolut unwiderstehlich.

Ntoré

ÜBER DEN DÄCHERN DER STADT

Essen und trinken mit herrlichen Aussichten

Wer in Iraklio unterwegs ist, erkennt schnell, dass der Dreh- und Angelpunkt der Stadt, die Platia Eleftherias, bei der jungen Szene nicht wirklich im Trend liegt. In den Cafés und Restaurants vor den alten, vergleichsweise hohen Gebäuden sitzen hauptsächlich Touristen und ältere Kreter. Letztere schwelgen wohl noch in alten Zeiten, als der Freiheitsplatz seine Glanzzeit als Unterhaltungsmeile erlebte. Bekanntestes Lokal des Platzes war damals das *kafenío* Ntoré, das im Lauf der Jahre auch als Kino und Veranstaltungsort diente.

Genau an dieser Stelle, diesmal allerdings fünf Stockwerke höher, eröffnete 2018 gegen den Trend der Zeit das »Ntoré Gastronomy« – eine Location mit mehreren Bereichen und Funktionen. Da gibt es diverses Entertainment wie Livemusik, aber eben auch ein besonderes Restaurant mit interessant interpretierter griechischer und kretischer Küche und eine Bar mit exzellenten Cocktails.

Zucchiniblüten mit Weitblick

Für absolute Gaumenfreuden sorgen im Restaurant Köstlichkeiten wie die mit Frischkäse gefüllten Zucchiniblüten, Kalbsravioli mit kretischem Käse und Wildgemüse oder das Zicklein in pikanter Tomatensauce mit inseltypischer Pasta. Perfekt harmonieren dazu die gut ausgewählten Weine. Und absolut einzigartig ist die Aussicht, nirgendwo sonst in Iraklio ist sie wie hier: Während man aus dem Restaurant über den Platz hinweg auf den Hafen sieht, eröffnet sich von der Freiluftbar Panorama ein grandioser Blick über die Dächer der Stadt weit hinaus aufs Meer. Hier an heißen Tagen abends die kühle Brise zu genießen ist wirklich wunderbar! Schönes ist beliebt – und eine Reservierung zum Essen daher empfehlenswert.

Ntoré · Platia Eleftherias 29, 5. Stock · Iraklio · Tel. +30 28 16 00 79 96 · www.ntore.gr · Di–Fr 13–0.30, Sa, So 9–0.30 Uhr

Santorin

SPEKTAKULÄRES FOTOPARADIES

Ausflug zu Bilderbuchdörfern am Kraterrand

Wer auf Kreta unterwegs ist, sieht immer wieder Werbung für Tagesausflüge zur berühmten Kykladeninsel Santorin – von Iraklio aus in rund zwei Stunden mit dem Katamaran erreichbar. Und wirklich, die Stippvisite bezaubert, vor allem, wenn Sie die einzigartige Silhouette der Insel einfach mal gesehen haben möchten. Sie haben genug Zeit, um hoch über dem Meer durch die engen Gassen des Hauptorts Fira zu schlendern. Außerdem können Sie unzählige Fotos von schneeweißen Kubushäusern machen, zwischen denen sich viele Kirchen und Kapellen mit weißen, blauen und gelben Kuppeln erheben.

Was für eine Kulisse!

Seine sichelartige Form verdankt Santorin einem Vulkan, der 1645 v. Chr. explodierte und die einst runde Insel auseinandersprengte. Das Vulkanbecken, die sogenannte Caldera, versank im Meer und wird seitdem von den Inseln Santorin, Thirassia und Aspronissi umschlossen. Der Blick auf die Dörfer, die an den über 300 Meter hohen, steil aus dem Meer emporragenden Rändern des Vulkankraters kleben, verschlägt einem schon bei der Einfahrt in die Caldera den Atem. Oben angekommen, faszinieren neben den Ausblicken auch die im Mittelalter in den weichen Bimsstein geschlagenen Wohnhöhlen, heute meist exklusive Hotels. Wer sich für einen organisierten Ausflug entscheidet, besucht noch das Örtchen Oia und optional die Lavainseln Nea Kameni und Palea Kameni, die archäologische Stätte Akrotiri oder einen Vulkanstrand.

Dass Santorin dank der reizvollen Natur und einzigartigen Architektur als eine der schönsten Inseln der Welt gilt, hat übrigens seinen Preis: Im Hochsommer platzt das kleine Eiland aus allen Nähten. Merken Sie sich die Insel dann lieber für den nächsten Urlaub in der Nebensaison.

Webseite der Gemeinde: www.santorini.gr · Fähren: www.seajets.gr, www.minoan.gr

GLÜCKSVERSTÄRKER

Atemberaubende Sonnenuntergänge vor magischer Kulisse machen Santorin zu einem der romantischsten Ziele im Mittelmeer. Unvergesslich ist dieses Schauspiel in Oia, wo die hinter den Kubushäusern und Kirchenkuppeln abtauchende Sonne für einzigartige Glücksmomente sorgt. Schwärmer bleiben daher am besten über Nacht!

Segeltour mit BAR AN BORD

Meeresbrise und Cocktails sind eine glückliche Kombination.

Die Boote im venezianischen Hafen von Iraklio machen Lust auf Ausflüge und Meer. Wer mit einer Gruppe unterwegs ist, gern Zeit auf dem Wasser verbringt und dazu bei einem leckeren Cocktail einen Hauch von Luxus spüren möchte, ist bei Cardinal Cruises richtig. Skipper Manolis Vasiliadis lädt auf seinem Segelboot zur außergewöhnlichen Tour ein: Die fünfstündige Fahrt führt von Iraklio zur unbewohnten Insel Dia oder zur hübschen Bucht Agios Georgios, je nach Wetter. Dort haben Sie Zeit, im kristallklaren Wasser zu schnorcheln und können an Bord einen traumhaften Sonnenuntergang genießen.

Mit dabei ist Bartender Stavros Vasiliadis, der während des Trips für exzellente Cocktails sorgt. Was Sie am liebsten trinken, sprechen Sie bei der Buchung mit dem Team ab. Während der Fahrt werden die Drinks gemixt und genossen, begleitet von Snacks sowie Reggae-, Jazz- und Soulmusik. Wer gern mehr Zeit auf dem Wasser verbringt, kann auch eine Ganztagestour (mit Essen) oder einen Ausflug mit Übernachtung buchen. Auch Yogatouren stehen auf dem Programm.

www.cardinalcruises.gr

Cretaquarium

DEN FISCHEN GANZ NAH

Die Unterwasserwelt des Mittelmeeres ist voller Farben.

Dass es auf Kreta sowohl für Schlechtwettertage als auch für richtig heiße Tage einige Innenräume zum Glücklichsein gibt, beweist das sehenswerte Cretaquarium. Das tiefblaue Meer der Ägäis macht schließlich neugierig. Wer also mit der Familie unterwegs ist und die Unterwasserwelt genauer kennenlernen möchte, ohne sie selbst in Tauchausrüstung erkunden zu können, sollte das spannende Aquarium in Gournes, östlich von Iraklio, nicht verpassen.

Hier staunen Groß und Klein nämlich nicht nur verzückt über die rund 2000 Fische und wirbellosen Tiere. Sie können die in 60 unterschiedlich großen, teils bodentiefen Becken lebenden Tiere von 200 unterschiedlichen Arten auch unter einem wissenschaftlichen Aspekt betrachten; Erklärungen geben viele Infosäulen und Schilder, aber auch (deutschsprachige) Audioguides. Imposant sind die bis zu 3,20 Meter langen Sandhaie mit ihren großen Zähnen. In offenen Becken dürfen Kinder und Erwachsene sogar ein paar Tiere anfassen, beispielsweise Seesterne.

Createaquarium · Ehemalige US-Basis Gournes · www.cretaquarium.gr · April–Okt. tägl. 9.30–19, Nov.–März tägl. 9.30–16 Uhr

Kinder-Hotspots

TOP 5

1 **Wasserpark Aqua Plus (Region Iraklio)** Der altbekannte Wasserpark mit Wasserspielen und Riesenrutschen ist eine gute Alternative zum Strandbesuch und macht nicht nur die Kleinsten der Familie glücklich.
www.acquaplus.gr

2 **Labyrinth-Park (Region Iraklio)** Im Labyrinth-Themenpark kommt der Nachwuchs auf den Geschmack der kretischen Mythen. Spaß garantieren außer dem Labyrinth des Minotaurus ein Mini-Zoo, ein Minigolfplatz und Aktivitäten wie Reiten.
www.labyrinthpark.gr

3 **Esel-Auffangstationen (Regionen Lassithi und Iraklio)** Die einstigen Nutz- und Lastentiere sehen Sie auf dem Land nur noch selten. Besuchen, streicheln und füttern Sie einige Esel und Maultiere jedoch in zwei liebevoll geführten »Altersheimen«.
www.walkwithdonkeys.com und www.agia-marina-donkeyrescue.com

4 **Reptisland (Region Rethimno)** Wer mit Teenagern reist, sollte das Reptisland in Melidoni ansteuern. Für den Adrenalinkick sorgen Spinnen, Schlangen und Skorpione.
www.facebook.com/Reptisland

5 **MegaDrive Go Kart (Region Chania)** Kleine und große Rennfahrer kommen auf der Gokart-Bahn in Mournies auf ihre Kosten. Hier gehen sogar die Kleinsten mit ins Rennen.
www.megadrive-gokart.gr

Griechischer Wein

EDLEN TROPFEN AUF DER SPUR

In Familienbetrieben gedeiht allerbeste Qualität.

Die Minoer kelterten schon vor 4000 Jahren. Außerdem wird vermutet, dass auf Kreta die ersten Weingärten des Mittelmeerraums kultiviert wurden. Laut Homer genossen Kretas Weine in der damaligen Welt einen besonders guten Ruf, sie wurden sogar ins Ausland, bis nach Ägypten, exportiert. Dass Wein bei den Minoern eine wichtige Rolle spielte, beweisen Amphoren in Kellerräumen der Paläste und Abbildungen auf Wandmalereien. In den Ausgrabungen von Vathipetro bei Archanes wurde zudem eine 3500 Jahre alte Weinpresse gefunden. Aus späteren Jahrhunderten stammen die Regeln zum Weinanbau im Gesetzestext von Gortis.

Trotz dieser langen Tradition werden die griechischen und somit auch die kretischen Weine international noch häufig unterschätzt. Vom Gegenteil können Sie sich in vielen kleinen, meist familiär geführten, charmanten Weingütern bei gemütlichen Verkostungen überzeugen. Die kretischen Winzer sorgen inzwischen dafür, dass sich ihre exzellenten, teils preisgekrönten Weiß-, Rot- und Roséweine auch im Ausland bei Experten und Sommeliers etablieren.

Alte Traditionen, neu belebt

Sind Sie Weinliebhaber? Dann begeben Sie sich im Hinterland von Iraklio auf die Spuren des kretischen Weinanbaus. Die Weingärten rund um die Dörfer Dafnes, Archanes und Peza bilden das Zentrum, Entdecker treffen aber auch in anderen Regionen, wie in Chania und Lassithi, auf Schilder, die den Weg zu Kellereien zeigen. Die verstreut liegenden Weingüter gehen mit viel Liebe und inzwischen auch viel Können der uralten Tradition nach. Und ihre grünen Hügel prägen eine bukolische Landschaft, die zum Entschleunigen und Genießen einlädt.

Angebaut werden vorwiegend die heimischen Reben Vilana, Vidiano, Kotsifali, Mandilari, Liatiko und Romeiko, aber auch internationale Sorten. Äußerst beliebt sind die Weißweine aus der Vidiano-Traube. Abhängig von ihrer Anbauhöhe variieren die Geschmacksnoten dieses Weins, der gern auch als »südländischer Sauvignon Blanc« bezeichnet wird, von

frisch, grün und vollmundig bis hin zu Aromen von Pfirsichen mit Nuancen aromatischer Kräuter. Aus der ebenfalls weit verbreiteten weißen Vilana kommen Weine mit frischen Zitrusaromen.

Star unter den Rotweinen ist der Liatiko, aus dem sowohl natursüße als auch sehr aromatische trockene Tropfen produziert werden. Häufig wird er mit anderen Rebsorten kombiniert, wie mit dem dunkelroten, herberen Mandilari.

Probieren und selbstverständlich kaufen können Sie die leckeren Weine im Sommer bei Führungen und Verkostungen. Danach vielleicht ein Spaziergang durch die Rebstockreihen oder eine kleine Siesta im Schatten eines Baumes – auch das ist ein Stück Urlaubsglück.

Besichtigungen und Verkostung bieten z.B. in der Region Iraklio Lyrarakis in Alagni (www.lyrarakis.gr) · Douloufakis in Dafnes (www.cretanwines.gr) · Silva Wines in Siva (www.silvawines.gr) · Digenakis in Kalloni (www.digenakis.gr) · Kloster Toplou (siehe S. 86) im äußersten Osten · Dourakis in Alikampos, Region Chania (www.dourakiswinery.gr)

Im Urlaub zu Hause

WILLKOMMEN IM HARA ILIOS!

Ein gemütliches Familienhotel zum Wohlfühlen

Urlauber kommen oft als Fremde nach Kreta und gehen als Freunde. Welch wichtige Bedeutung Freunde und Familie auf der Insel haben, ist allseits bekannt und auch für Außenstehende immer wieder erkennbar, nicht nur an den vielen Familienbetrieben. Ein tolles Beispiel dafür, dass die Zusammenarbeit zwischen mehreren Generationen vorbildlich funktionieren kann, ist das Hotel Hara Ilios in Kato Gouves. Dort hat jedes Familienmitglied seine Aufgabe und weiß, was zu tun ist, damit der Betrieb erfolgreich bleibt. In der gepflegten Anlage mit schönem Garten und Pool ist jeder mit viel Herzblut und Professionalität bei der Sache, sodass trotz angemessener Distanz für viel familiäres Flair gesorgt wird.

Glücklich macht hier vor allem die Gemütlichkeit, nicht nur in den teils frisch renovierten Zimmern, sondern in der gesamten Hotelanlage. Auch von der Lage zwischen Iraklio und dem quirligen Urlaubsort Limenas Chersonissou profitieren Urlauber. Unvergesslich bleiben neben dem Wohlfühlflair die exzellenten Gerichte im hauseigenen Restaurant Avali, in dem unter Regie des jüngeren Sohns mit vielen Produkten aus dem eigenen Anbau und großer Leidenschaft und Expertise gekocht wird. Die besonders bedacht angerichteten Köstlichkeiten lassen auch Feinschmecker staunen. Für grandiose Cocktails und ausgewählte Drinks sorgt der ältere Spross an der Poolbar. Hier kann man übrigens einmal wöchentlich Livemusik genießen, an allen anderen Tagen stehen aber vor allem Ruhe und Erholung auf dem Programm. Auch bei einer entspannenden Massage!

Hotel Hara Ilios ·
Agiou Panteleimonos ·
Kato Gouves ·
Tel. +30 28 97 04 27 40 ·
www.hara-ilios.gr

Hübsche Dörfer
ZUM ENTSPANNTEN GENIESSEN

Weitblick auf dem Balkon der Touristenhochburg

Wer Urlaub in Limenas Chersonissou macht und dabei auf der Suche nach etwas Abwechslung und ein wenig mehr Ursprünglichkeit ist, sollte die fast ineinander übergehenden Örtchen (Alt-)Chersonissos, Piskopiano und Koutouloufari besuchen. Sie thronen am Hang im Hinterland der Bettenhochburg und sind besonders am späten Nachmittag oder am frühen Abend eine Erkundung wert. Vor allem, wenn man gern spazieren geht, denn in allen drei Orten, in denen übrigens auch viele Hotels ansässig sind, laden malerisch enge Gassen zum Bummeln und unzählige kleine Lädchen zum ausgiebigen Stöbern ein. Tavernen und Cafés versprechen mit ihren Terrassen oft grandiose Aussichten über die Küstenebene aufs Meer.

Ein etwas längerer Halt lohnt in Piskopiano, wo Sie auch als Kulturfreund auf Ihre Kosten kommen. Auch dieses Dorf lockt mit hübschen Gassen, die von alten Natursteinhäusern gesäumt werden, aber zugleich mit dem informativen Landwirtschaftsmuseum Menelaos Parlamas. Die interessante Ausstellung ist in einer einstigen Olivenpresse untergebracht, präsentiert traditionelle Handarbeiten und die landwirtschaftlichen Tätigkeiten der Insel und zeigt zudem die traditionelle Einrichtung eines ursprünglichen kretischen Hauses auf dem Land.

Museum: www.historical-museum.gr/eng/content/agrotiko-mouseio-menelaou-parlama

GLÜCKSVERSTÄRKER

Sie möchten noch mehr sehen? Dann machen Sie vor dem Besuch der Dörfer eine interessante Tour mit dem Auto, weiter ins Hinterland, an die Hänge des Dikti-Gebirges. Vorbei am Staudamm Aposelemi, wo bei niedrigem Wasserstand die Häuser des gefluteten Dorfs Sfendili sichtbar sind, und ins Dorf Krassi mit der 2000 Jahre alten Platane sowie zum Kloster Kera mit einer wundersamen Marienikone.

Creta Maris

KRETISCHE GASTFREUNDSCHAFT

Die Top-Adresse wird seit Jahrzehnten von den Inhabern geführt.

Sie suchen ein Strandhotel, in dem Ihnen so gut wie jeder Wunsch von den Augen abgelesen wird und in dem Sie Kretas traditionelle Gastfreundschaft in vollen Zügen genießen können? Dann macht Sie ein Aufenthalt im Creta Maris glücklich. Das bereits 1975 von Familie Metaxas eröffnete Resort zeugt nicht nur von langjähriger Erfahrung, sondern ist seit Jahrzehnten auch eine von Kretas Top-Adressen. Kein Wunder, die Umsetzung des Wortes *filoxenía,* das im Griechischen einen weit tieferen Sinn hat als die Freundschaft gegenüber dem Fremden, hat bei der Familie und ihren Mitarbeitern seit jeher Priorität. Vermutlich ist dies, gepaart mit der Professionalität, mit der die Anlage geführt wird, der Grund dafür, dass sich hier besonders viele Stammgäste Jahr für Jahr wie zu Hause fühlen.

Tradition und Moderne in Einklang

Das gepflegte Resort ist mit vielen Bungalows im Stil eines Dorfes angelegt, und Gäste genießen die freundlich umgesetzte Mischung aus Tradition und modernen Annehmlichkeiten. Wie bei einem 5-Sterne-Hotel zu erwarten, zeugen die Zimmer und Bungalows von jeglichem Komfort. Es gibt viele Sport- und Unterhaltungsmöglichkeiten, darunter sogar ein Open-Air-Kino. Für die Kleinen und Junggebliebenen steht seit 2019 auch ein Wasserpark mit fünf Rutschen und Kinderbetreuung bereit. Wenn Sie für Ihr Urlaubsglück aber etwas Ruhe und Zeit für sich und eigentlich nur einen Liegestuhl und ein Buch brauchen: Freuen können Sie sich hier nicht nur auf die direkte Lage am Strand und auf mehrere Pools, sondern auch auf einen herrlich entspannenden Spa-Bereich. Hungrig vom Nichtstun? Gleich mehrere Restaurants schaffen in der weitläufigen Anlage auf leckere Weise Abhilfe.

Hotel Creta Maris · Chersonissos · www.cretamaris.gr

Badeglück
IN LIMENAS CHERSONISSOU

Herrliche Strandmomente abseits der Massen

Limenas Chersonissou, meist nur Chersonissos genannt, ist Kretas Bettenhochburg schlechthin. Hotels für jeden Geldbeutel, unzählige Restaurants und Geschäfte sowie ein großes Sport- und Freizeitangebot sorgen in dem lang gestreckten Ort für alles, was das Touristenherz begehrt.

Wer hier mal ein paar ruhigere Momente abseits des Geschehens verbringen möchte, sollte sich auf den Weg zum westlichen Ortsrand bei Saradari (auch: Limanakia) machen. Nur einen Katzensprung vom Zentrum entfernt laden – vor allem außerhalb der Hauptsaison – viele kleine Buchten zu idyllischen Bademomenten ein. Zumindest an Wochentagen oder am späten Nachmittag, wenn es etwas ruhiger ist, denn die gut vor Nordwestwinden geschützten und meist flachen Strände werden auch gern von kretischen Familien besucht. Verständlich, denn hier findet jeder seinen Lieblingsplatz. Es gibt feinen Sand, Kies und Felsplatten ... und eine Bucht, in der FKK-Genießer unter sich sind.

www.landofexperiences.gr

GLÜCKSVERSTÄRKER

Wer von den schönen Buchten nicht genug bekommt, sollte gleich über der Küste das Restaurant Saradari besuchen. Genießen Sie hier den Blick aus der Vogelperspektive, auch am Abend, wenn sich der Mond im Wasser spiegelt, das romantische Ambiente und die moderne kretische Küche, die für Gaumenfreuden sorgt (www.saradari.com).

Malia
DER ALTE PALAST AM MEER

Und gleich daneben lockt
die Strandtaverne.

Obwohl Individualreisende Kretas britische Partymeile getrost umgehen können, sollten Urlauber, die gern Sightseeing mit einem Strandbesuch kombinieren und dann auch noch lecker essen möchten, in Malia unbedingt halten. Am östlichen Ortsrand wartet Kretas drittgrößter minoischer Palast ganz nah am Meer darauf, erkundet zu werden. Er erlebte zwischen 1700 und 1450 v. Chr. seine Blütezeit. Heute laufen Sie dort über den von Wohntrakten, Magazinen, Kult- und Wirtschaftsräumen umgebenen Zentralhof sowie über die sogenannte Agora, einst ein Platz für politische und kultische Veranstaltungen.

Hinterher lohnt unbedingt ein Sprung ins kühle Nass, gleich um die Ecke am Strand Potamos. Wegen des flach abfallenden Sandes wird er gern von vielen kretischen Familien besucht. Genießen Sie zum Mittagessen typisch griechische Köstlichkeiten in der sympathischen, ganz einfachen Strandtaverne Kalyva. Gaumenfreuden und das Glück von authentischem Griechenlandflair sind dort garantiert!

*Archäologische Stätte Malia ·
Mai–Okt. tägl. 8–17, Nov.–April
tägl. 8.30–15.30 Uhr ·
Tel. +30 28 97 03 15 97 ·
Taverne Kalyva ·
www.facebook.com/KalyvaMalia*

Knossos
VIEL MEHR ALS STEINE!

Ein minoischer Palast, fantasievoll rekonstruiert

In die minoische Welt kann man nirgends besser eintauchen als in Kretas bedeutendster Ausgrabungsstätte: Knossos. Die anschaulich rekonstruierte Palastanlage bietet einen umfassenden Einblick ins Leben der ersten Hochkultur Europas und lässt sogar Archäologiemuffel staunen. Das prächtigste und größte Palastzentrum der Minoer, heute die am zweithäufigsten besuchte historische Attraktion Griechenlands, war vor 3500 Jahren Mittelpunkt der hiesigen Welt. Nicht nur deshalb sollte jeder, der etwas Interesse an kretischer Kultur und Historie hat, den damals wohl von 80 000 bis 100 000 Menschen bewohnten Palastkomplex besuchen – am besten am frühen Morgen oder am späten Nachmittag. Dann ist alles in etwas geheimnisvolleres Licht getaucht, die Geräuschkulisse hält sich im Rahmen, und die – optional buchbaren und empfehlenswerten – Fremdenführer können besser auf Ihre Fragen eingehen.

Im Zentrum der Macht

Ausgegraben wurde Knossos Anfang des 20. Jahrhunderts vom britischen Historiker Sir Arthur Evans (1851–1941), der interdisziplinär arbeitete und hier so umfangreich rekonstruierte, dass gestrenge Archäologen von einem »minoischen Disneyland« sprechen. Laien helfen diese Rekonstruktionen allerdings gut, die minoische Welt zu verstehen. Grund für das Interesse der Archäologen war der Mythos von König Minos, dem die minoische Kultur ihren Namen verdankt. Der Sohn des Göttervaters Zeus und der phönizischen Prinzessin Europa soll laut Homers *Ilias* erster König über Kreta und die ägäischen Inseln gewesen sein und dafür gesorgt haben, dass Wohlstand und Frieden herrschten.

Obwohl Knossos schon im 3. Jahrtausend v. Chr. besiedelt wurde und um 1900 v. Chr. ein erster Palast entstand, wurde es erst ab 1700 v. Chr. zum Verwaltungs- und Kultzentrum sowie Gewerbe- und Wohngebiet Kretas. Um 1450 v. Chr. wurde Knossos wie die anderen minoischen Paläste Malia, Festos und Zakros vermutlich von einem Erdbeben zerstört. Ein später errichteter Bau fiel

nach 100 Jahren einem Brand zum Opfer, sodass die Minoer Knossos endgültig verließen. Eine neue Siedlung legten danach die eingewanderten Mykener an.

Mittelpunkt des Geschehens war im über 20 000 Quadratmeter großen, aus etwa 1400 Räumen bestehenden Palastkomplex der über Prozessionswege erreichbare Zentralhof, der von bis zu vierstöckigen Gebäuden umgeben war. Dort fanden kultische und sportliche Veranstaltungen statt. Eindrucksvoll rekonstruierte Evans die Südpropyläen mit Säulen und dem Prozessionsfresko mit den jungen Gabenträgern. Highlight ist der sogenannte Thronsaal mit dem Alabasterthron und einem Waschbecken für rituelle Waschungen. Ob König Minos dort tatsächlich Audienzen abhielt, wird wohl noch lange ein Rätsel bleiben …

Knossos · Tel. +30 28 10 23 19 40 · Online-Tickets: https://etickets.tap.gr · Mai–Okt. tägl. 8–20, Nov.–März tägl. 8.30–15.30 Uhr

Kretas Mythen

DICHTUNG UND WAHRHEIT

Spannende Geschichten für Groß und Klein

Archäologie und Kretas Geschichte interessieren Sie? Dann gefällt Ihnen sicher auch die griechische Mythologie, Vor allem, wenn Sie sich gerade an den Orten des Geschehens befinden. Storys über Götter und Helden sind aber für alle interessant, auch Kinder lassen sich gut mit den spannenden Geschichten für archäologische Stätten begeistern. In der Antike half die Mythologie den Menschen, Antworten auf Fragen oder Erklärungen für Naturphänomene zu finden. Dass die Mythen Wahrheiten oder historische Ereignisse bergen, ist nicht auszuschließen. Auf jeden Fall bieten sie eine tolle Möglichkeit, sich ein lebhaftes Bild von den alten Zeiten zu machen.

Angelehnt an Homers *Ilias* benannte der Knossos-Historiker Evans die gesamte minoische Kultur nach dem sagenhaften König Minos, von dem jetzt die Rede sein soll.

Die Götter müssen verrückt sein!

Zeus, der in der Dikti-Höhle auf der Lassithi-Hochebene geboren wurde und in der Höhle Ideon Andron bei Anogia aufgewachsen sein soll, verliebte sich in die junge, hübsche phönizische Prinzessin Europa, die übrigens unserem Kontinent seinen Namen gab. Als Stier verwandelt, näherte er sich ihr auf einer Wiese, Europa setzte sich auf seinen Rücken, und Zeus schwamm mit ihr nach Matala. Unter einer Platane in Gortis zeugten sie ihren Sohn Minos.

Minos wurde der erste König Kretas und bekam von Meeresgott Poseidon einen wunderschönen Stier geschenkt – Stiere galten damals als heilige Tiere. Beeindruckt von dessen Schönheit vergaß Minos völlig, das Tier seinem Schenker gleich wieder zu opfern. Poseidon nahm ihm das sehr übel und rächte sich dafür an Minos' Gattin Pasiphae: Er erfüllte sie durch einen Zauber mit dem Verlangen, sich dem Stier hinzugeben. Pasiphae brauchte dafür jedoch eine List, und so baute der Erfinder Dädalus ihr eine hölzerne Kuh, in die sie hineinschlüpfte. Der Stier fiel darauf hinein und zeugte mit Pasiphae den Minotaurus, ein Ungeheuer, zur Hälfte Mensch und zur Hälfte Tier.

Wütend über seine untreue Gattin und ihren Liebhaber ließ König Minos den Minotaurus in einem von Baumeister Dädalus erbauten Labyrinth einsperren und alle neun Jahre mit sieben Jünglingen und sieben Jungfrauen füttern, die er von Ägäus, dem König Athens, bekam. Denn mit den Athenern hatte er noch eine Rechnung offen, die hatten nämlich einen Sohn von ihm getötet.

Ein Ende setzte dem allen der spätere Athener König Theseus, als er mit einer Gruppe junger Männer und Frauen nach Kreta reiste. Ariadne, die Tochter des Minos, hatte sich in Theseus verliebt und unterstützte ihn. Theseus tötete Minotaurus und konnte danach mithilfe des berühmten »Ariadne-Fadens« fliehen. Ariadne nahm er natürlich mit. Aber das ist wieder eine andere Geschichte.

Ruinenidylle Gortis

DIE GEBURTSSTÄTTE EUROPAS

Hier kann man tief in die Antike eintauchen.

Liebhaber der klassischen Antike erleben in Gortis ihre Glücksmomente. In Kretas Hauptstadt der Römerzeit wurde nämlich der älteste Gesetzeskodex Europas (450 v. Chr.) gefunden. Gortis schrieb jedoch schon vorher Geschichte: Hier soll Zeus unter einer Platane mit der phönizischen Prinzessin Europa den späteren König Minos gezeugt haben (siehe S. 38). Weiteren prominenten Besuch hatte Gortis 59 n. Chr., als Apostel Paulus mit seinem Weggefährten Titus hier begann, das Christentum auf Kreta zu verbreiten. In der archäologischen Stätte staunt man in zwei Arealen über das antike Erbe: Im eintrittspflichtigen Teil stehen die wichtigsten Bauten, und im meist einsamen Olivenhain auf der anderen Straßenseite fasziniert die reizvolle Lage der antiken Ruinen.

Ein Gesetzbuch der Antike

Aus dem »offiziellen« Teil erhebt sich weithin sichtbar die auffällige Ruine der Titus-Basilika aus dem 6./7. Jahrhundert. Bis 1669 (!) wurde dort die Schädelreliquie von Titus aufbewahrt. Weitere Highlights sind die antike Agora und das recht gut erhaltene Odeion, an dessen Rückwand zwölf steinerne Tafeln mit Gesetzestexten aus dem 5. Jahrhundert v. Chr. zu sehen sind. Im dorischen Dialekt bildeten dort etwa 17 000 Buchstaben den Text des Straf- und Zivilrechts von Gortis.

Im Olivenhain schräg gegenüber dem Parkplatz beglückt dann die wunderbare Lage viel mehr als die Ruinen. Beginnend beim Olivenbaum mit zwei Stämmen, der sich um eine antike Säule rankt, verteilen sich hier sehr malerisch die Reste eines Theaters, eines Tempels und des Statthaltersitzes mit Thermenanlage. Hier passt das Wort Ruinenromantik, und man kann sich in Ruhe in die Vergangenheit träumen.

Gortis · Tel. +30 28 92 03 11 44 · Mitte April–Okt. tägl. 8–20, Nov.–Mitte April tägl. 8–15 Uhr

Kochen in Zaros
URLAUB FÜR DIE SINNE

Wirtin Vivi zeigt, wie man's macht.

Gutes kretisches Essen macht glücklich! Und wer ein bisschen von dem Glück nach Hause nehmen möchte: In dem Bergdorf Zaros kann man sich in die Geheimnisse der inseltypischen Kochkunst einweihen lassen. Die Taverne Vegera wirkt wie ein urtümliches Esszimmer, und hier sorgen Leckereien »wie bei Muttern« und auch internationale Gerichte für Gaumenfreuden. Anders als sonst auf Kreta üblich, gibt es das Essen am Büfett zum Festpreis, sodass man viel probieren kann.

Seit Jahren bietet die herzliche und lebhafte Wirtin Vivi gemeinsam mit ihrer Mutter fünfstündige Kochkurse an. Wer lernen will, wie man auf Kreta für große Familien und viele Freunde Essen zubereitet, ist im Vegera also genau richtig. Gemeinsam werden beispielsweise *gemistá* (gefüllte Tomaten und Paprika), *kolokithokeftédes* (Zucchinipuffer), *dolmádes* (gefüllte Weinblätter) und andere regionale Leckereien gekocht. Verwendet werden dafür das Olivenöl der Familie, Gemüse aus eigenem Anbau und viele kretische Gewürze. Und da nach der Arbeit das Vergnügen kommt, können Sie sich die Köstlichkeiten anschließend zusammen schmecken lassen.

Vegera · Hauptstraße · Zaros · www.vegerazaros.gr

Wochenmarkt in Mires
MIT VIEL BUNTEM TRUBEL

Schlendern zwischen Socken und Salaten

Auf Kretas größtem Wochenmarkt, einer amüsanten Mischung aus Gemüse- und Flohmarkt, geht es kunterbunt zu. Viele Bauern aus der fruchtbaren Messara-Ebene und anderen Ecken der Insel sowie fliegende Händler preisen mit einem Hauch orientalischem Flair jeden Samstag ihre Produkte an und buhlen um Kundschaft. Gemüse aus der Region, frischer Fisch und Fleisch aus lokaler Zucht, jegliche Haushaltsartikel, günstige Textilien und Schuhe und mindestens ebenso viel Ramsch und Kitsch laden auf dem Markt von Mires zum ausgiebigen Stöbern und Einkaufen ein. Glücklich werden hier nicht nur Neugierige und Schnäppchenjäger, sondern auch alle, die Spaß am Feilschen haben und sich gern unters Volk mischen. Wer es wie die Kreter machen möchte, kommt am frühen Morgen und wirft sich bei einem griechischen Mokka oder gleich bei einem *rakí* (Tresterschnaps) in einem *kafenío* ins Geschehen. Hungrige stärken sich mit frisch gegrillten *souvláki* (Fleischspieß), und Süßmäuler probieren die frittierten Hefebällchen *loukoumádes.*

Hauptstraße · Mires · Sa 7–14 Uhr

Festos

RUINEN IN SCHÖNSTER NATUR

Archäologische Stätte mit Panoramablick

In der Ausgrabungsstätte des zweitgrößten minoischen Palastes, der schon ab dem 4. Jahrtausend v. Chr. besiedelt und nicht rekonstruiert wurde, kommen Archäologie- und Naturfans gleichermaßen auf ihre Kosten. Denn Festos thront auf einem Hügel im Nordwesten der Messara-Ebene und fasziniert nicht nur mit der alten Geschichte, sondern auch mit den herrlichen Ausblicken über Kretas Kornkammer bis hin zum Psiloritis-Gebirge und zum Meer.

Den ersten Palast soll Rhadamanthys, ein Bruder des sagenhaften König Minos, um 1900 v. Chr. erbaut haben. Etwa 200 Jahre später wurde er von einem Erdbeben zerstört, und so folgte ein neuer Palast, der nach Knossos zum wichtigsten Zentrum der Minoer wurde und Kretas fruchtbarste Ebene beherrschte. Vom Hafen von Komos aus (siehe S. 46) wurde hier Handel im ganzen Mittelmeerraum betrieben. Neben dem Panoramablick faszinieren Archäologiefans auf dem terrassierten Gelände die unveränderten Ruinen von Gebäuden, Magazinen, Kultbädern, Werkstätten, Archiven und Schatzkammern. Und Architekturfreunde staunen über das jahrtausendealte Wasserversorgungs- und Belüftungssystem, denn zahlreiche Säulen sorgten in der Palastanlage für luftige Gemächer. Im Schatten der Pinien können Besucher die kühle Brise des Nordwinds auch heute noch ab und zu im Sommer genießen.

Festos · Tel. +30 28 92 04 23 15 · Mitte April–Okt. tägl. 8–20, Nov.–Mitte April tägl. 8.30–15.30 Uhr

GLÜCKSVERSTÄRKER

Sie möchten noch mehr minoisches Erbe in schönster Ruhe? Dann besuchen Sie Festos' kleinen Nachbarn, Agia Triada. Die minoische »Villa«, einst wohl ein Landgut oder Sommersitz der Herrscher von Festos, liegt wunderbar friedlich und idyllisch unter Pinien (April–Okt. tägl. 8.30–16, Nov.–April Mi–Mo 8.30–15.30 Uhr).

In Matala von HIPPIEZEITEN SCHWÄRMEN

Urlaub im Zeichen der Blumenkinder

Die unbeschwerte Atmosphäre und die Idee vom Hippieleben locken jeden Sommer unzählige Urlauber nach Matala. Das einstige Fischernest, an dessen Strand Zeus mit der von ihm entführten Prinzessin Europa an Land gegangen sein soll, machte sich in den 1960er-Jahren weltweit einen Namen als Hippiespot. Gewohnt haben die Blumenkinder aus aller Welt, die auf ihrer Reise nach Goa oder Nepal in Matala haltmachten, in den vielen Höhlen in der nördlichen Sandsteinwand. Die im 1. und 2. Jahrhundert als Grabkammern genutzten Höhlen sind Wahrzeichen des quirligen Urlaubsörtchens. Die Hippies bauten sie in »Ein- und Zweiraumwohnungen« um und gaben ihnen Namen wie »Globe« oder »Hilton«. Heute wohnt hier niemand mehr, aber wer die Höhlen erklimmt, kann glücklich in alten Zeiten schwelgen und den herrlichen Blick über den etwa 200 Meter langen Sand-Kies-Strand genießen.

Gemütlich sitzt man auch auf der anderen Seite der Bucht. Von den Café-Bars im alten Fischerviertel hat man einen tollen Blick auf die Höhlen. Dort ziert auch der Leitspruch »Today is life, tomorrow never comes« eine Wand. Danach versucht man in Matala auch heute noch zu leben. Am intensivsten können Sie das Hippieflair bei freundlich-lustiger Atmosphäre und guten Cocktails im »Akuna Matata« erleben. Wer im Juni hier ist, kann außerdem das alljährlich von unzähligen jungen Kretern besuchte Matala Beach Festival besuchen.

www.matalabeachfestival.org

GLÜCKSVERSTÄRKER

Wer nur kurz mal Hippieflair schnuppern will, aber ruhigere Strände für sein Badeglück braucht, sollte zum kilometerlangen sandigen Nachbarstrand Komos fahren, wo in minoischer Zeit der Hafen von Festos lag. Die Reste des teils ausgegrabenen Hafens kann man über einen Zaun hinweg sehen.

CAFE CRETA BAR
Fresh orange juice
Ice creams

1 **Nirou Terra** Die Naturmaterialien schaffen in der Beach Bar östlich von Iraklio auf mehreren Ebenen ein legeres Ambiente, das junge Kreter ebenso reizt wie Familien. Gemütliche Sitzpoufs laden zum Bleiben ein.
www.facebook.com/nirouterra

2 **Buddha Bar Beach** Die edle Strandbar der weltberühmten Kette lädt seit 2019 auf dem Gelände des Luxushotels Abaton zu exklusiven Pool- und Strandmomenten ein. Reservierung empfehlenswert.
www.abaton.gr/dine/buddha-bar

3 **King Scorpio** Schickes und legeres Ambiente mit Liegestühlen und Pavillons am Strand und auf dem Felsvorsprung. Entspannung bietet auch der Restaurantbereich.
www.scorpiobeachbar.com

4 **Bunga Bunga** Mit bunten Tischen und typisch griechischen Stühlen wird am Komos-Strand für etwas Hippieflair gesorgt. Ideal für alle, die ohne Schnickschnack auskommen.
www.facebook.com/Bunga-Bunga-Komos-Beach

5 **Ammoudi Club** Die Bar mit schicken Sonnenbetten am gleichnamigen Strand von Agios Nikolaos wird am Abend zum Open-Air-Club mit Partys, bei denen manchmal griechische Popsänger auftreten.
www.ammoudiclub.com

6 **Kimzu Sea Lounge** Sonnenliegen und Tische auf einer grünen Wiese mit Blick auf die Marina von Agios Nikolaos und die Mirabello-Bucht. Entspannte, familiäre Atmosphäre.
www.kimzu.gr

7 **Baja Beach Club** In der weitläufigen Strandbar mit großem, von Palmen umgebenem Poolbereich und House-Musik im Hintergrund trifft sich das junge Publikum von Rethimno besonders gern.
www.bajabeach.gr

8 **Cabana Mare** Die schickste Bar in der Region Chania erwartet Besucher mit Sonnenbetten am Meer, am Pool und am Jacuzzi. Der Champagner fließt hier nicht nur bei Partys.
www.cabanamarechania.gr

9 **Neromylos** In einer der ältesten Beach Bars der Gegend geben sich junge Kreter schon seit Jahren ein Stelldichein. Für modernes Ambiente sorgen Designermöbel, Pool und Poolbar sowie chillige Musik.
www.myloschania.com

10 **Mes tin ammo** Freundliche Atmosphäre wie der Ort Plakias selbst sorgen in der alteingesessenen Beach Bar mit dem Namen »Mitten im Sand« für einen tollen Platz zum Träumen – auch zum Sonnenuntergang.
https://mes-tin-ammo-beach-bar.business.site

Bester Fisch
UND GROSSARTIGER AUSBLICK

Das Restaurant Scala bietet Genuss pur in Matala.

Sie lieben Fisch und tolle Aussichten? Dann sind Sie auf den Klippen am westlichen Ende der Bucht von Matala, also auf der Seite des alten Fischerviertels, genau richtig. Seit fast 40 Jahren thront dort mit Tischen und Stühlen auf unterschiedlichen Ebenen das hübsche Fischrestaurant Scala. Das in den Felsen gebaute, familiär geführte Lokal begeistert nicht nur mit dem stimmigen, sommerlich-legeren und stilvollen Ambiente, sondern auch mit köstlichen Gerichten. Bekrönt wird alles von dem fantastischen Ausblick über die Bucht und die gegenüberliegenden Felsenhöhlen bis hin zu den Weißen Bergen im Hinterland. Romantiker schwimmen besonders zur Zeit des Sonnenuntergangs im Glück, denn dann begeistert der Himmel über den Höhlen mit einem herrlichen Farbenspiel.

Für Gaumenfreuden sorgen aufmerksam servierte und teils äußerst kreative Leckereien, die von einer liebevollen Zubereitung zeugen und mit kretischen Gewürzen fein abgeschmeckt sind. Außergewöhnlich ist das gleich zu Beginn gereichte, selbst gebackene Brot mit Tintenfischtinte. Verkaufsschlager sind der Fisch und die köstlichen Gerichte mit Meeresfrüchten, ein Traum die Muscheln! Für kulinarische Hochgenüsse sorgen aber auch diverse geschmorte Spezialitäten, Fleisch wie Kaninchen sowie Vegetarisches, und selbstverständlich gibt es zu jedem Gericht den passenden kretischen Wein.

Scala · Matala ·
Tel. +30 69 81 38 81 35 ·
www.facebook.com/SCALA-Fish-Bar-Restaurant

GLÜCKSVERSTÄRKER

Wenn Sie individuell reisen und nach einer Unterkunft suchen, sollten Sie im Scala nach einem der wenigen Zimmer über dem Restaurant fragen. Die Aussicht vom Bett der im kykladischen Stil eingerichteten Räume ist einfach unbeschreiblich.

SCALA
LY TAVERN RESTAURANT

Thalori

BERGE UND MEER

Eine besondere Unterkunft lockt Naturliebhaber und Aktive.

Sie sind gern aktiv, lieben die Berge und die Natur oder wollten schon immer in ein Dorf ziehen? Auf Kreta können Sie das ausprobieren. Die Insel ist ideal für Agrotourismus, denn Landwirtschaft spielt eine wichtige Rolle, Dörfer gibt es reichlich, und es ist besonders reizvoll, dass man oft von den einsam in den Bergen gelegenen Anlagen mit Wanderschuhen das Meer erreicht, wie im wilden Asteroussia-Gebirge, dem südlichsten Gebirgszug Europas!

Beliebtes Quartier und Ausgangspunkt für das Wander- und Klettergebiet rund um den höchsten Gipfel Kofinas (1231 m) ist das kleine, nur noch von wenigen Menschen bewohnte Bergdorf Kapetaniana auf 800 Meter Höhe. Die Mondlandschaft um das weltabgeschiedene Dorf ist ein wahres Glück für Outdoor-Fans, für Wanderer und Kletterer ebenso wie für Offroad-Liebhaber. Außerdem kommen dank der Pisten, die zu winzigen Buchten am Libyschen Meer hinabführen, auch Badefreunde auf ihre Kosten.

Zimmer mit Aussicht

Sie können in den traditionellen Gästehäusern »Thalori« wohnen, die, wie der Name verspricht, einen überwältigenden Blick aufs Meer *(thálassa)* und die Berge *(óri)* bieten.

Der sympathische und engagierte Markos Skordalakis hat bis zu 300 Jahre alte Häuser mit viel Liebe restauriert und so Kleinode geschaffen. Genießen können Sie nicht nur das warme Ambiente in den Häusern mit Kamin, sondern auch einen tollen Infinity-Pool und die köstliche kretische Küche im Restaurant. Wer nicht nur in der ruhigen Anlage bleiben möchte, dem stehen viele Aktivitäten offen: vom Reiten auf dem hauseigenen Reiterhof über Boots- und Angeltouren im Libyschen Meer bis hin zu Wanderungen und Mountainbiketouren. Für Adrenalin sorgen Klettern, Canyoning und Offroad-Touren. Oder sollen es lieber Kochkurse und landwirtschaftliche Tätigkeiten sein?

Thalori · Kapetaniana · www.thalori.com

Agiofarango

DIE »HEILIGE SCHLUCHT«

Kloster und Kletterrevier liegen in eindrucksvoller Natur.

Nicht nur Kletterfans, die in Kretas Süden unterwegs sind, sollten die Schlucht und den Strand von Agiofarango besuchen. Auch für Bade- und Naturfreunde sind in der Schlucht, die in eine hübsche graue Kiesbucht am Meer mündet, superschöne Momente in toller Kulisse garantiert. Während sich Kletterer hier an bis zu 40 Meter langen Routen abseilen, können diejenigen, die den Adrenalinkick nicht unbedingt brauchen, einfach die herrliche Felsszenerie genießen.

Wer mit dem Auto unterwegs ist und nicht von Matala aus mit dem Boot kommt, sollte außerdem beim Kloster Odigitrias einen Halt einlegen. Die frühere Funktion des von sechs Mönchen bewohnten Konvents ist schon von Weitem erkennbar: Der wehrhafte Bau diente den Kretern nämlich während der osmanischen Besatzungszeit ab dem 17. Jahrhundert als Zufluchtsort. Im Zweiten Weltkrieg fanden kretische Rebellen dort Unterschlupf. Vom Konvent kann man über eine Schotterpiste zum Parkplatz von Agiofarango fahren. Von dort sind es noch 20 Minuten Fußweg durch Oleander, Oliven- und Johannisbrotbäume bis hinunter zum Strand.

www.climbincrete.com

Lendas, das alternative URLAUBSZIEL FÜR KRETER

Ein paar Tage abseits der Massen

Eigentlich geht es im kleinen Lendas recht beschaulich zu, zumindest in der Nebensaison und wochentags, wenn die vielen Kreter mit ihren Familien nicht den Strand für sich beanspruchen. Das von zwei Felskaps eingerahmte Ferienörtchen am Libyschen Meer verdankt seinen Namen der westlichen Felsnase, die mit Fantasie einem Löwen (griech. *léontas*) gleicht. Stundenlang können Sie hier bei Lagerfeuerromantik am Strand darüber philosophieren, ob der Mythos stimmt: Demzufolge sollen hier, als Kreta einst mit Afrika verbunden war, Löwen gelebt haben. Als sich die Insel von Afrika löste, sprangen die Raubtiere ab. Einer schaffte es nicht und weinte so lange, bis er sich zu Stein verwandelte.

Genug von Mythen? Dann wenden Sie sich im kleinen Ausgrabungsgelände der antiken Siedlung Levin wahren Geschichten zu. Levin war ab dem 4. Jahrhundert v. Chr. mit einem Asklepios-Heiligtum verbunden, das viele Pilger und Heilungsuchende verehrten. Und wer den Adrenalinkick sucht, kommt beim Canyoning, Trekking oder Klettern (bei Cretan Outdoor Adventures) auf seine Kosten.

Aktivitäten:
www.cretan-outdoor-adventures.com

Akr. Ag. Ioannis
Dragonada
Gianisada
Georgios Restaurant
Plaka
Spinalonga
Elounda
Neapoli
Elounda Solfez Villas
Kolpos Mirambelou
Lassithi-Hochebene
Agios Nikolaos
Psira
Mochlos
Skopi
Sitia
Exo Mouliana
Sfaka
Agios Georgios
Kritsa
Males
Gournia
Taverne Kapilio
Monastiraki
Ziros
Kato Simi
Makrigialos
Mirtos
Ierapetra
Chrissi

Die Region Lassithi

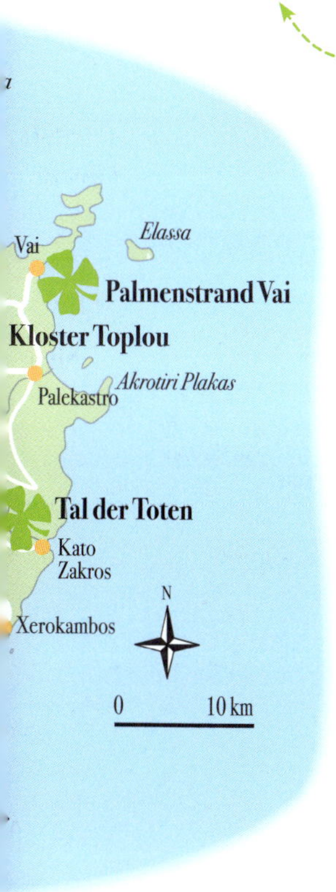

Kretas östlichste Region entzückt mit lieblicher Hügellandschaft, herrlichen – teils lebhaften, teils einsamen – Stränden sowie mit viel Ursprünglichkeit. Außerdem mit Ausflügen zu den vorgelagerten unbewohnten Inselzwergen. Für Glücksmomente in authentischer Umgebung sorgen immer wieder Dörfer mit urigen Tavernen, aber auch die Kleinstädte Agios Nikolaos, Ierapetra und Sitia. Neugierig macht auch der Alltag der Einheimischen. Mischt man sich unters Volk, schmeckt der inseltypische Tresterschnaps *raki,* der in Sitia einen ausgesprochen guten Ruf genießt, besonders lecker. Kulinarisch gibt es hier jedoch noch mehr zu entdecken, denn das Olivenöl aus der Region gehört zu den besten des ganzen Landes.

Agios Nikolaos zeigt KLEINSTADTFLAIR

Flanieren und genießen am wunderschönen Mirabello-Golf

Mit den sanft ins tiefblaue Meer abfallenden Bergen gehört der Mirabello-Golf zu Kretas attraktivsten Küstenabschnitten. Als Standort bietet sich das beschauliche Provinzhauptstädtchen Agios Nikolaos an. Es ist erst im vorigen Jahrhundert aus einem winzigen Fischerdorf entstanden und wurde dank herrlicher Lage und mildem Klima schnell zum Pionier des kretischen Tourismus. Heute mischen sich zwischen die Bucht und den Voulismeni-See immer mehr Touristen unter die Einheimischen, ohne aber das gemächliche Eigenleben des Städtchens ins Wanken zu bringen.

Hervorragend eignet sich Agios Nikolaos zum genüsslichen Flanieren mit herrlichem Blick aufs Meer, zum Beispiel an der von Cafés, Tavernen und Hotels gesäumten Promenade. Oder vom Hafen Richtung Süden zum kiesigen Stadtstrand Kitroplatia und zur Marina, gen Norden zum populären Sandstrand Ammoudi. Shoppingfans bummeln beglückt durch die parallel zum See verlaufende Fußgängerzone mit ihren vielen hübschen, bunten Läden.

Ein See direkt am Meer

Beliebt sind zudem Spaziergänge um den tiefgrün schimmernden Voulismeni-See, der auch die Kulisse für viele Sommerevents bildet. Bis 1870 war er einer von drei Süßwasserseen der Insel, wurde dann aber durch einen kurzen Kanal mit dem Meer verbunden. Idyllisch dümpeln Fischerboote an den Ufern, die auf zwei Seiten von schroffen Felswänden gerahmten werden. Am Südwestufer wird am Abend die in die Felswand gebaute Mini-Kapelle Agios Nikolaos beleuchtet. Im Schatten von Tamarisken laden Bänke zum Verweilen ein, und über Stufen ist ein Aussichtspunkt mit Cafés und Restaurants erreichbar, wo ein toller Blick über den See auf die Bucht glücklich macht.

www.agiosnikolaoscrete.com

Elounda und Plaka

ES GEHT AUCH OHNE LUXUS

Erinnerungen an die alten Fischerdörfer werden wach.

In den Luxushotels von Elounda verbringt seinen Urlaub, wer es sich leisten kann. Mit großer Diskretion wird dort der High Society aus aller Welt bester Service geboten. Da bleiben kaum Wünsche offen ... Ein privater Pianist oder ein Helikopterflug? Ein Dinner mit Kamin am Meer? Alles ist möglich.

Dass Elounda und das Nachbarörtchen Plaka aber auch – oder gerade – abseits des Luxus für Glücksmomente sorgen, beweisen bezaubernde Plätze am Meer und im Landesinneren. So lohnt von Elounda unbedingt die kurze Fahrt über einen Damm zu der Halbinsel, wo morgens oder spätnachmittags der Sandstrand Kolokitha begeistert. Mit der Küste bildete die Halbinsel früher den wichtigen Hafen der antiken Stadt Olous. Tektonische Verschiebungen ließen einen Teil der Stadt versinken. Am Damm sind heute noch alte Salinen erkennbar; auch trotzt eine alte Windmühle dem Zahn der Zeit. Weniger los als in Elounda selbst ist in Pano Elounda, dem »oberen Elounda«, das mit historischer Bausubstanz entzückt. Vor einigen Jahren diente es als Kulisse für eine griechische Fernsehserie.

In einer anderen Welt

Wie übrigens auch Plaka. Fotogen sind schon die vielen Badeplätze auf dem Weg dorthin. Zu Zeiten der Leprakolonie auf der Insel Spinalonga war Plaka Fährhafen und Kontaktstelle zur Außenwelt. Den touristischen Wert des malerischen Orts mit dem einzigartigen Blick auf die vorgelagerte Insel erkannte man erst kürzlich. Verbringen Sie ein wenig Zeit in einer der idyllischen Fischtavernen an der kurzen Promenade mit ihren restaurierten Häuschen oder an der Platía mit dem viel besuchten *kafenío.* Und am Strand. Der hat große, weiße Kieselsteine und glasklares Wasser.

Elounda GPS-Koordinaten:
35° 15′ 45″ N, 25° 43′ 15″ E

Elounda Solfez Villas

DER TRAUM VOM HAUS

Der grandiose Blick hier oben ist unvergesslich.

Ein luxuriöses Ferienhaus in atemberaubender Lage soll es sein? Auf nach Elounda! Die Elounda Solfez Villas, sieben Villen mit je drei Schlafzimmern, thronen oberhalb der Luxushotels und bezaubern mit atemberaubenden Ausblicken auf den Ort, die Halbinsel Spinalonga und die Mirabello-Bucht – sogar aus dem Schlafzimmer in der oberen Etage, wo Sie von den ersten Sonnenstrahlen wachgeküsst werden. Die gut ausgestatteten Häuser beglücken aber nicht nur durch die traumhafte Lage, sondern auch durch viel Ruhe. Auf drei Etagen bieten sie der ganzen Familie Platz zum Entspannen: Abschalten können Sie auf Ihrer Terrasse mit dem kleinen Infinity-Pool oder in der gemütlichen Grill- und Sitzecke, die herrliche Aussicht genießen Sie aus allen Räumen oder von den Balkonen. Nehmen Sie sich Zeit zum Lesen, vielleicht schmökern Sie im zur Gegend passenden Roman *Insel der Vergessenen* (siehe S. 64)? Die Vermieter stellen als Erstausstattung Kaffee, Wasser, Wein und Olivenöl zur Verfügung, und wer gern kocht, bekommt ab und zu sogar Obst und Gemüse aus dem hauseigenen Garten.

Elounda Solfez Villas · Elounda · www.eloundasolfezvillas.com

Frisches aus dem Meer
BEI GIORGOS (GIOVANNI)

Auch Promis genießen diesen Platz direkt am Wasser.

Plaka galt unter Städtern aus Agios Nikolaos noch bis vor wenigen Jahren als Geheimtipp in Sachen idyllisch gelegene Fischtavernen. Die malerische Lage ist unverändert, unbekannt ist Plaka jedoch schon lange nicht mehr. In der familiär geführten, gut besuchten Fischtaverne Giorgos geben sich seit fast 20 Jahren nicht nur viele Kreter, sondern inzwischen auch nationale und internationale Prominenz die Klinke in die Hand. Wundern Sie sich also nicht, wenn bei Ihrem Besuch jemand am Nachbartisch sitzt, den Sie aus den Medien kennen. Schließlich wissen nicht nur Kreter frischen Fisch, köstliche Meeresfrüchte und gemütliche Atmosphäre zu schätzen. Außerdem werden bei Giannis Sfirakis viele Leckereien aus dem Meer noch selbst gefangen, sein Vater fährt dafür täglich mit dem eigenen Fischerboot hinaus. Genießen können Sie auf einer kleinen windgeschützten Terrasse oder an Tischen auf einem Felsen gleich am Wasser – immer mit herrlichem Blick auf den kleinen Hafen von Plaka und die Insel Spinalonga.

Giorgos Restaurant · Plaka · Promenade · www.giorgos-plaka.gr

Spinalonga erzählt
BEWEGENDE GESCHICHTEN

Ein Ausflug zum Inselwinzling macht Vergangenheit lebendig.

Die leidvolle Geschichte, die das Felseiland Spinalonga als letzte Leprakolonie Europas schrieb, ließ es zu einem Top-Ausflugsziel Kretas avancieren. Die spannenden Geschichten um Leben und Tod im Bestseller *Insel der Vergessenen* von Victoria Hislop machten die acht Hektar kleine Insel in der Mirabello-Bucht weltweit bekannt. Sind Sie neugierig geworden? Dann steuern Sie Spinalonga mit Booten von Elounda und Plaka aus an, machen Sie einen Spaziergang zwischen den Ruinen oder genießen Sie auf der fast unbebauten Westseite die Ruhe.

Bereits 1579 errichteten die Venezianer eine Festung, um sich vor den Osmanen zu schützen. Nachdem die Insel dann doch erobert und der Hafen reaktiviert wurde, bauten Handwerker, Einzelhändler und Großgrundbesitzer neue Häuser. Mit den kretischen Aufständen im 19. Jahrhundert fanden dann immer mehr Osmanen hier Unterschlupf. Als Kreta 1898 autonom wurde, beschloss die Regierung, die Insel zur Leprakolonie umzuwandeln, 1903 wurde sie eingerichtet.

Besucher können heute die venezianischen Bastionen bestaunen. Aber eben auch die einstige Wohn- und Ladenstraße der Leprakolonie durchqueren, alte Kirchlein sehen und gut nachvollziehen, wie man hier einst lebte. Das ist bedrückend, doch auch ein eindrucksvolles Stück kretischer Geschichte. Die Kranken versuchten, ihr Leben so »normal« wie möglich zu gestalten, es gab Bäcker, Handwerker, Fischer, Priester, ein Lebensmittelgeschäft und ein *kafenío.* Sie liebten sich und gründeten trotz des Verbots neue Familien. Das heilende Medikament aus den USA erreichte Spinalonga im Jahr 1948. Neun Jahre später konnte die Kolonie dann endlich geschlossen werden.

Spinalonga · April–Okt. 8.30–19 Uhr · Boote alle 30 Minuten · www.eloundaboat.gr, www.plakaboat.gr

Wunderbar unspektakulär

IM HINTERLAND VON ELOUNDA

Momente des Glücks liegen in der Ursprünglichkeit.

Atemberaubende Aussichten, ursprüngliche Dörfer und stille Klöster machen im bergigen Hinterland von Elounda nicht nur Freunde reizvoller Landschaften glücklich, sondern auch Einsamkeitsfans. Viel Spaß machen die Touren über die in weiten Teilen unberührte und von Touristen eher selten besuchte Halbinsel mit dem Mietwagen, Motorrad oder Motorroller. Los geht es in Plaka, wo sich die Straße in großen Kurven mit herrlichem Blick auf die Mirabello-Bucht und Spinalonga bis ins Dorf Vrouchas den Hang hinaufwindet. Tolle Fotos von der Mirabello-Bucht sind hier garantiert! Vor dem Ortseingang von Vrouchas lohnt ein kurzer Stopp bei den alten Windmühlen. Dann fahren wir entlang der recht einsamen Dörfer Selles, Epano Loumas und Skinias. Bei letzterem können Neugierige einen Abstecher zur Gipfelkapelle Profitis Ilias machen und ein wunderbares Panorama genießen. Freunde einsamer Strände können von Skinias außerdem den Kieselstrand von Vlichadia ansteuern.

Abgeschiedenheit und Ruhe

Danach steht das friedvolle Kloster Aretiou mitten im Nirgendwo auf dem Programm, das nicht nur Kirchenfans begeistert. Der wehrhaft anmutende, eindrucksvolle Konvent aus dem 17. Jahrhundert ist ein Ort der Stille, weilt einsam unter hohen Zypressen und wird nur von einem jungen Mönch bewohnt. Durch reizvolle Natur mit uralten Olivenbäumen und vorbei an einigen Windmühlenruinen geht es schließlich ins urige Dorf Fourni, wo noch markante venezianische Bausubstanz erhalten ist. Nach einem kurzen Spaziergang sollten Sie auf dem Dorfplatz in der Taverne Platanos einkehren, die mit bodenständiger kretischer Küche und ländlichem Flair lockt. Bevor es dann weitergeht nach Kastelli, sicher zur Freude von Architekturfans, denn seine fotogenen, uralten Häuser beeindrucken schon an der schmalen Durchgangsstraße. Manchmal denkt man bei dieser Tour, man sei auf einer Zeitreise.

Kloster Aretiou tägl. tagsüber geöffnet

Die Lassithi-Hochebene
WO ZEUS GEBOREN WURDE

Durch Dörfer, Felder und in eine Tropfsteinhöhle

Wer gern Zeit auf dem Land verbringt, sollte Kretas bekannteste Hochebene ansteuern. Das fast kreisrunde Lassithi-Plateau zu Füßen des 2158 Meter hohen Dikti-Gebirges besticht durch Ursprünglichkeit und herrliche Natur. Streifzüge durch die 20 Dörfer auf 850 Höhenmetern und die fruchtbaren Felder versprechen zauberhafte Impressionen. Nebenbei können Sie den Landwirten über die Schulter schauen.

Beginnen sollte man die Tour an der Passhöhe Seli Ambelou mit den uralten, teils restaurierten Windmühlen und dem imposanten Ausblick: nach Norden über den Stausee Aposelemi aufs Meer und Richtung Süden über die von schroffen Gipfeln gerahmten Felder. Farbspiele bietet das Frühjahr, wenn der rote Klatschmohn zwischen den schneebedeckten Bergen blüht. Im Sommer sorgen hingegen die Segeltücher einiger restaurierter Windräder für weiße Farbkleckse zwischen gelb und grün leuchtenden Feldern mit Kartoffeln, Gemüse, Getreide und Kernobst.

Wer über Nacht bleibt, hat Zeit, um die unerschlossene Havga-Schlucht mit den bizarren Felsen und den wilden Kräutern bei Agios Konstantinos zu erkunden. Sie führt zu einem fotogenen, kreisrunden Felsen. Auch lohnt der Besuch der 80 Meter tiefen Tropfsteinhöhle Dikteon Andron, der legendären Geburtsstätte des Zeus. Zwischen den imposanten Stalagmiten und Stalaktiten versteckte Mutter Rhea Baby-Zeus, um ihn vor seinem Vater Kronos zu schützen.

Dikteon Andron · Psychro, Mai–Okt. tägl. 8–20, Nov.–April Di–So 8–15 Uhr

GLÜCKSVERSTÄRKER

Wer mehr entdecken möchte, sollte vom Dorf Tzermiado auf die einsame Nissimos-Hochebene fahren und von dort über einen Pfad die Stelle Karfi auf 1150 Meter Höhe erklimmen. Neben den Ruinen einer minoischen Siedlung fasziniert der Ausblick.

Sport

TOP 5

1 **Mountainbike (Region Rethimno)** Fahrradwege suchen Sie auf Kreta vergeblich. Dafür werden Offroad-Fans hier glücklich. Entlang spannender Routen erkunden Mountainbiker – auch im Rahmen geführter Touren – die reizvolle Natur.
www.olympicbike.com

2 **Wandern (Region Chania)** Das angenehme Klima im Frühjahr und im Herbst macht Kreta zum Paradies für Wanderungen. Laufen Sie mit Ihren Wanderstiefeln immer wieder aus der Bergwelt ans Meer, z.B. durch die Samaria-Schlucht (siehe S. 172).

3 **Surfen (Region Lassithi)** Der Strand von Kouremenos bei Palekastro an der Ostküste ist seit vielen Jahren das Surfer-Mekka der Insel. Wind- und Kitesurfer kommen hier gleichermaßen auf ihre Kosten.
www.freak-surf.com/crete/

4 **Golf (Region Iraklio)** Auf den gepflegten Greens von Kretas bislang einzigem 18-Loch-Golfplatz können Golfer mit Aussichten auf die umliegenden Berge und das Meer ihren Abschlag trainieren.
www.cretegolfclub.com

5 **Tauchen (Region Rethimno)** Entdecken Sie Kretas faszinierende Unterwasserwelt mit ihren Meeresbewohnern und bizarren Felsen bei diversen Tauchspots – als unerfahrener und auch als versierter Taucher.
www.kalypsodivecenter.com

Vasilikata
WOHNEN IM DORFHAUS

Schlafen und entschleunigen in uriger Atmosphäre

Sie lieben Einsamkeit, Stille und Natur? Sie wollen gern mal in einem urigen Dorf auf dem Land übernachten? Oder suchen Sie einfach nach einer Möglichkeit, der Hitze an der Küste zu entkommen? Dann werden Sie sich über ein paar Urlaubstage in ruhiger Dorfatmosphäre in den traditionellen Gästehäusern Vasilikata freuen. In Agios Konstantinos hat Besitzerin Alíki Dialiná mehrere alte Steinhäuser zu wohligen Gästehäusern umgewandelt. Die aufwendig restaurierten und äußerst liebevoll eingerichteten Häuschen mit offenen Kaminen, von denen eines sogar Jacuzzi und Bergblick hat, bieten teilweise Platz für bis zu sieben Personen und verteilen sich im ganzen Dorf.

Das Landleben genießen

Wer hier übernachtet, genießt die Ruhe abseits des touristischen Trubels und schläft bei angenehm kühlen Temperaturen. Denn auf der Lassithi-Hochebene kann es im Hochsommer abends richtig kalt werden. Decken stehen natürlich zur Verfügung! Einen Pullover oder eine Jacke sollten Sie allerdings im Gepäck haben. Gut gestärkt können Sie nach dem Frühstück, bei dem auch Produkte aus dem eigenen Anbau serviert werden, zur Erkundung der Hochebene starten. Gern fährt Alíki mit ihren Gästen auch zu den Feldern ihrer Familie, wo man einen guten Einblick in das hiesige Landleben und die Landarbeit bekommt. Nachmittags und abends lockt der kleine Empfangsraum an der Hauptstraße zur Einkehr – bei leckeren *loukoumádes* (süßen frittierten Hefeteigbällchen), einem köstlichen Bergtee, einem Wein oder einem Gläschen *rakí.*

Vasilikata · Agios Konstantinos · Lassithi-Hochebene · Tel. +30 69 77 24 84 56 · www.vasilikata.gr

Restaurant Vilaeti
SCHLEMMEN AUF DEM LAND

Genuss pur! Landküche aus regionalen Produkten

Wer im Sommer zur Erntezeit auf der Lassithi-Hochebene sieht, was es dort alles gibt, bekommt sicher schnell Appetit auf frisches Obst und Gemüse. Wenn Sie also allerhand regionale Leckereien aus saisonalen Produkten probieren möchten, sollten Sie am »Vilaeti« im urigen Dörfchen Agios Konstantinos nicht einfach vorüberfahren. Auf der schattigen Terrasse an der Hauptstraße finden Sie ein herrliches Plätzchen für ein leckeres Mittagessen mit Blick auf die Felder und die Hänge des Dikti-Gebirges. Wer lieber im Innenraum des uralten Steinhauses sitzen möchte, freut sich über die warme Atmosphäre dieses liebevoll gestalteten, familiär geführten Restaurants – im kalten Halbjahr vor offenen Kaminen.

Deftig und immer frisch

Auf der Speisekarte stehen Salate und zahlreiche leckere *mezédes* (Kleinigkeiten) wie die typischen *ntolmadákia* (Weinblätter oder Zucchiniblüten, gefüllt mit Reis und heimischen Kräutern) oder die mit kretischem Käse gefüllten Auberginenröllchen. Unbedingt sollten Sie auch die hausgemachten Pommes Frites probieren, die Lassithi-Hochebene ist schließlich inselweit für den Kartoffelanbau bekannt. Ein Genuss sind außerdem die *keftédes* (Hackbällchen in Tomatensauce mit Frischkäse-Topping), die hausgemachten Nudeln *skioufichtá* oder Schmorgerichte mit Kaninchen oder Hahn. Fleischliebhaber können sich auch auf Spezialitäten vom Grill freuen. Sie wollen nur etwas trinken? Dann probieren Sie unbedingt den Bergtee *vrastári,* ein Gemisch aus 14 kretischen Kräutern, den es für heiße Tage auch als Eistee gibt.

Vilaeti · Agios Konstantinos · Lassithi-Hochebene · Tel. +30 28 44 03 19 83 · www.vilaeti.gr

Vilaeti
tavern
coffee
snack
guest house

Kritsa

ATTRAKTIVES BERGDORF

In filmreifer Umgebung liegt ein Juwel.

Dank der Lage nahe Agios Nikolaos ist Kritsa eines der meistbesuchten Bergdörfer der Region. Wegen seiner typischen Architektur sowie der Lage am Fuße des Dikti-Gebirges und am Ausgang einer Schlucht lockte Kritsa bereits 1956 Fremde an: Damals diente das Dorf als Kulisse für den Film *Der Mann, der sterben muss* von Jules Dassin, nach dem Roman *Griechische Passion* des kretischen Schriftstellers Níkos Kazantzákis. Verständlich, dass sich die Einwohner heute ganz auf den Tourismus eingestellt haben. Wer sich aber ein wenig in den verwinkelten Gassen abseits der Hauptstraße mit den Souvenirgeschäften verliert, bekommt einen guten Eindruck von der traditionellen Architektur.

Absolutes Highlight und byzantinisches Juwel ist die Kirche Panagia i Kera aus dem 13. und 14. Jahrhundert. Die von sechs Verstrebungen gestützte dreischiffige Kirche, die nicht nur Kunstliebhaber glücklich macht, steht im Schatten von Mandelbäumen und Zypressen und birgt ansehnliche Fresken unterschiedlicher Art: Während die ältesten im Mittelschiff mit recht dunklen und starren Motiven die byzantinische Kunst mit ihren strengen Regeln präsentieren, zeugen die helleren Wandmalereien in den beiden Außenschiffen vom Stil der Kretischen Schule, der von der italienischen Renaissance beeinflusst wurde.

Kirche Panagia i Kera · Hauptstraße · Kritsa · Mi–Mo 8.30–15.30 Uhr

GLÜCKSVERSTÄRKER

Die Ausgrabung der im 8. Jahrhundert auf einem Bergsattel gegründeten dorischen Stadt Lato fasziniert mit der einsamen Lage und dem atemberaubenden Blick auf Agios Nikolaos. Sehen kann man Fundamente mehrerer Werkstätten, einer Zisterne, eines Theaters, eines Tempels und mehr (3,5 Kilometer nördlich von Kritsa, Mi–Mo 8.30–15.30 Uhr).

Gournia
MINOISCHES LANDIDYLL

Die Ruinen erzählen vom
Alltag der Minoer.

Die Ausgrabungen von Gournia liegen einsam und romantisch in Olivenhainen auf einem Hügel nah am Meer. Wer die Ruinen der einstigen »Kleinstadt« der Minoer besucht, bekommt einen guten Eindruck von der Stadtstruktur. Besonders toll ist Gournia, weil es vom Alltag der ersten Hochkultur Europas außerhalb der Palastzentren erzählt. Die Lage an Kretas Wespentaille half den Minoern, den Handel zwischen Nord- und Südküste zu kontrollieren.

Heute sehen Sie hier Mauern, die bis zu einen Meter hoch erhalten sind, laufen durch gepflasterte und verschachtelte Gassen und staunen über uralte Treppen, die bei einigen Häusern ins Obergeschoss führten. Ausgegraben wurden die vielen kleinen Häuser und die vielen Werkstätten in acht Vierteln sowie die »minoische Villa«, das größte Haus an höchster Stelle der Siedlung, zwischen 1901 und 1904 – von einer Frau: Harriet Boyd-Hawes. Ungewöhnlich für die damalige Zeit! Die Freilegung von diesem »Pompeji des minoischen Kreta« brachte somit nicht nur wichtiges Wissen über das Leben der Minoer, sondern bedeutete für Boyd-Hawes auch den Durchbruch in der damals von Männern dominierten Welt der Archäologen.

Gournia · östlich von Pachia Ammos · Mi–Mo 8.30–15.30 Uhr

Leckereien im Schatten
DER CHA-SCHLUCHT

Genuss mit Fernblick zum Sonnenuntergang

In die urigen Dörfer an Kretas schmalster Stelle, zwischen Pachia Ammos im Norden und Ierapetra im Süden, verirren sich nur selten Urlauber. Ein Dörfchen, das im Norden dieser Gegend einen Besuch lohnt, ist Monastiraki. Zu Füßen des Thripti-Gebirges träumt es vor der imposanten dunklen Spalte der unzugänglichen Cha-Schlucht vor sich hin und macht seine Besucher vor allem am späten Nachmittag glücklich. Denn dann lohnt die Taverne Kapilio von Ioanna und Babis unbedingt einen Besuch. Morgens ist Ioanna als Lehrerin tätig, abends schmeißt sie mit einem breiten Lächeln den Service. Babis kocht währenddessen leckere Landküche und auch selbst kreierte Gerichte. Genießen kann man das im kleinen, mit Instrumenten dekorierten Innenraum oder auf der Terrasse, von der man über Dorf und Ebene hinweg aufs Meer schaut, ein Traum zur Zeit des Sonnenuntergangs. Und wunderbar schmecken neben den typisch kretischen *mezédes* Kreationen wie das geräucherte Hähnchen-Apaki mit Orange und Honig, der gebackene Fetakäse mit Sesam und Honig oder die Teigtaschen.

Kapilio · Monastiraki ·
Tel. +30 28 42 09 33 20 · tägl. ab 17 Uhr · www.facebook.com/tokapiliomas

Fischerdorfidylle IN MOCHLOS

**Frischer Fisch am alten Hafen:
Glück liegt in den kleinen Dingen.**

Das kleine Mochlos ist vor allem im Sommer beliebter Treffpunkt der Kreter, wenn es ums Fischessen geht. Die Tavernen des Urlaubsörtchens, in dem ein paar Individualtouristen ihre Ferien verbringen, liegen idyllisch am Hafen mit Sicht auf das etwa 200 Meter entfernte Inselchen Agios Nikolaos. Mochlos versteckt sich unter hohen Klippen und kann über zwei Strecken angefahren werden. Wenn Sie die Straße an der Abzweigung bei Platanos hinunterfahren, kommen Sie am markanten, pyramidenförmigen Gipssteinbruch vorbei hinunter zum Meer. Den Hügel aus Gipsalabaster wussten schon die Minoer zu schätzen: Sie bauten Alabaster ab und nutzten das leicht zu verarbeitende Material als Ersatz für Marmor, um Paläste und Siedlungen zu bauen. Heute wird in drei Steinbrüchen Gips zur Weiterverarbeitung zu Gipskartonplatten abgebaut.

Wo bunte Boote schaukeln

Obwohl sich in den Sommermonaten viele Besucher zu den wenigen Einwohnern von Mochlos gesellen, hat sich der Fischerort sein ursprüngliches Flair bewahrt. Im Sommer trifft man sich in den gemütlichen Tavernen, die den kleinen, alten Hafen säumen, zu Fisch und Meeresfrüchten. Dazu genießt man den Blick auf die kleinen Fischerboote und auf die Insel Agios Nikolaos. Dort stand in minoischer Zeit eine wichtige Hafenstadt, die seit 1990 immer mal wieder von Archäologen ausgegraben wird. Wer das Inselchen mit einem Boot besucht, sieht Mauer- und Gassenreste aus frühminoischer Zeit. Dass die Insel zu minoischer Zeit mit dem Festland verbunden war, beweisen spätminoische Ruinen, die man vor Ort und auch unter der Meeresoberfläche gefunden hat.

www.mochlos.eu (private Webseite)

Wandern
IN DER RICHTIS-SCHLUCHT

Durch den »Dschungel« zum Wasserfall

Nicht nur begeisterte Wanderer werden bei der Erkundung der grünen und wasserreichen Richtis-Schlucht zwischen Sitia und Agios Nikolaos glücklich. Die Schlucht, die sich sowohl im Sommer als auch im Winter durchqueren lässt, ist knapp fünf Kilometer lang, voll von Efeu, Platanen und Oleander und führt über eine Steinbrücke, schmale Pfade, kleine Felsen und Treppenstufen vorbei an einem imposanten, inselweit einzigartigen, etwa 20 Meter hohen Wasserfall mit tollem Farbenspiel. Im kleinen und kühlen Teich, der sich dort bildet, lohnt sich besonders an heißen Sommertagen ein kurzes Bad. Aber auch am einsamen, touristisch unerschlossenen Strand am Ende der Schlucht kann man herrlich schwimmen.

Wer nur den Wasserfall sehen und sich die etwa vierstündige Wanderung (hin und zurück) und die Bewältigung der 364 Höhenmeter ersparen möchte, kann die Schlucht auch von ihrem unteren Ende aus begehen. Dazu fährt man mit dem Auto zunächst über die gut fünf Kilometer lange, serpentinenreiche Straße steil hinab bis zum gleichnamigen, mit Schatten spendenden Tamarisken bewachsenen Strand und läuft nur etwa ein Drittel der Gesamtstrecke (etwas über einen Kilometer) bis zum Wasserfall. Festes Schuhwerk ist in dem dschungelartigen Areal übrigens unbedingt empfehlenswert!

Einstieg bei Exo Mouliana (ausgeschildert)

GLÜCKSVERSTÄRKER

Wer in dieser Gegend sehen möchte, welche Wunder Kretas Natur vollbringt, kann nahe dem Dorf Kavousi, das etwa zehn Kilometer südöstlich liegt, den Olivenhain besuchen. Dort steht ein über 3000 Jahre alter, riesiger Olivenbaum, der einer der ältesten Griechenlands sein soll. Sein Anblick macht wirklich ehrfürchtig.

Auf einen raki IN SITIA

Der Osten bietet viel Gemütlichkeit unter Einheimischen.

Wegen der abgeschiedenen Lage trifft man in Kretas östlichster Stadt selbst in der Hochsaison mehr Einheimische als Touristen. Wer hier Urlaub macht, kommt in den Genuss von authentischem Kleinstadtflair, kombiniert mit einem lang gezogenen Stadtstrand. Für die passende Kulisse sorgen die hübsche Hanglage und die Promenade. Das Städtchen ist mit seinem ländlichen Charme ideal für alle, die Beschaulichkeit, Ruhe, aber auch lebhafte Momente unter Kretern suchen.

Vor der Kulisse der den Hang hinaufkletternden Häuser kann man sich in Sitia hervorragend unter die Leute mengen, tagsüber am langen Sandstrand und abends in den vielen Cafés und Tavernen entlang des Hafenbeckens. Dort genießt man auch den Blick auf die vor Anker liegenden Fischerboote.

Zum Wohl!

Besonders quirlig geht es abends in den vielen *rakádika* zu, die ihren Namen dem inseltypischen Tresterschnaps verdanken, auf ganz Kreta einen guten Ruf genießen und sich hier an der Promenade aneinanderreihen. Dort sitzen Einheimische und Touristen bei typischen *mezédes* zusammen, und natürlich beim guten *rakí* – sowohl pur als auch mit Honig *(rakómelo)* oder auch in innovativen Cocktails. Die *rakádika* sind ein fester und altersunabhängiger Bestandteil des kretischen Lebensstils und spielen in Sitia eine besondere Rolle. Während des Essens lauschen Sie dem Meer und an vielen Sommerabenden kretischer Livemusik. Vorher oder nachher mischen Sie sich zum Flanieren an der palmengesäumten Promenade unters Volk. Dem traditionellen Destillieren des *rakí* können Sie übrigens im November beiwohnen. In Sitia brennen die Wirte der *rakádika* den Schnaps jedoch auch an einem Abend im Juli vor ihren Lokalen, selbstverständlich mit anschließendem Fest.

www.visitsitia.gr

Kloster Toplou

STIPPVISITE IM NIRGENDWO

Glückliches Miteinander von Religion und Bio-Landwirtschaft

Das im 14. Jahrhundert gegründete Kloster Toplou trotzt mitten in brachliegendem Land und umgeben von Weingärten dem Zahn der Zeit. Der wehrhaft anmutende Konvent thront einsam auf einem Plateau mit Blick aufs Meer und ist eines der meistbesuchten Klöster der Insel. Durch den überwölbten Torgang erreichen Sie den kleinen, blumenreichen Innenhof mit seinen Arkaden. Im Kircheninneren blieben Fresken aus dem 14. Jahrhundert erhalten. Etwas ganz Besonderes ist die Ikone des Malers Ioannis Kornaros von 1770. Die byzantinische Miniaturmalerei *Groß bist du, Herr!* erzählt in vier Hauptmotiven und mehreren ineinander verschlungenen, kleinen Einzeldarstellungen aus dem Neuen und Alten Testament: Die Hauptmotive zeigen die Höllenfahrt Christi, Maria mit Adam und Eva, die Taufe und die Dreifaltigkeit. Weitere kostbare Ikonen aus dem 16. bis 19. Jahrhundert, imposante Gewänder und liturgische Geräte werden im sehenswerten angeschlossenen Museum präsentiert.

Ein umtriebiger Abt

Der weltoffene und vielseitig interessierte Abt Filotheos Spanoudakis sorgte in den letzten Jahren dafür, dass der Konvent mit den kostbaren Fresken, dem gewaltigen Grundbesitz und der langen Tradition im biologischen Oliven- und Weinanbau zu einem der reichsten Klöster Griechenlands wurde. Früher fuhr er selbst gern Traktor, angelte, restaurierte und malte Fresken, doch heute stehen bei ihm administrative Tätigkeiten auf der Tagesordnung. Neben dem Oliven- und Weinanbau besitzt das Kloster inzwischen gemeinsam mit einer Kooperative auch eine Olivenpresse, seit 2014 auch ein eigenes Weingut. Dass der Abt voller Tatendrang steckt, zeigt sich auch in anderen Projekten, so sollen 20 000 Hektar nicht genutzter Ländereien des Konvents einem touristischen Mammutprojekt dienen: Eine Hotelanlage mit 2000 Betten und Golfplatz soll die Region aufwerten.

www.biositia.gr

Olivenhaine, SO WEIT DAS AUGE REICHT

Von silbrigen Blättern und goldenem Öl

In der kretischen Landschaft sorgen endlose, teils uralte Olivenwälder für ausgedehnte Glücksmomente. Denn überall auf der Insel laden wahre Meere der silbrig grün glänzenden Bäume zu Spaziergängen und zum Staunen ein. Sogar zwei der ältesten Olivenbäume des Landes sollen hier stehen. Bewundern können Sie die über 3000 Jahre alten Prachtstücke in Kavousi (Region Lassithi) und in Vouves (Region Chania). Ihre Äste wurden 2004 für die Siegerkränze der Olympischen Spiele in Athen verwendet. Dass schon die Minoer ihre Oliven und das Olivenöl zu schätzen wussten, bezeugen die Aufbewahrungsgefäße ihrer Paläste und 3000 Jahre alte Oliven aus dem Wasserbecken im Palast von Zakros (siehe S. 92). Jahrhunderte später förderten die Venezianer den Anbau mit einer Pflanzenprämie, um den Bedarf in der Heimat zu decken. Ob inzwischen nun 20 oder 30 Millionen Olivenbäume auf Kreta wachsen, werden wir wohl nie genau erfahren …

Das begehrte flüssige Gold Kretas

In jedem Fall zählt Griechenland heute zu den drei wichtigsten Olivenölproduzenten Europas und hat mit 15 Litern pro Jahr den größten Pro-Kopf-Verbrauch weltweit. So fehlt das exzellente Olivenöl in keinem kretischen Haushalt und keinem Restaurant, und fast jede Familie produziert ihr eigenes. Die kalt gepressten Öle haben hohe Qualität und sorgen für Gaumengenuss. Auf der Suche nach hochwertigem Öl trifft man immer auf das flüssige Gold aus Kreta. Kein Wunder, der einzigartige Boden und das Klima der Insel sind außergewöhnlich und sorgen für äußerst aromatische Oliven. Zu den besten gehören die extra nativen Olivenöle aus der Gegend um Kolymbari und vom Kloster Agia Triada (siehe S. 44) auf der Akrotiri-Halbinsel in der Region Chania sowie die Olivenöle aus Sitia, zum Beispiel vom Kloster Toplou (siehe S. 86). Wer gern Oliven isst, sollte nach den kleinen schwarzen Koroneiki-Oliven Ausschau halten.

Nach Vai
AM FRÜHEN MORGEN

Vor Kretas berühmtem Palmenhain genießt man Südseeflair.

Der Strand vor Kretas größtem Palmenwald ist weltberühmt und entsprechend gut besucht. Auf der Suche nach Südseeflair sollte man sich darum am frühen Morgen, am späten Nachmittag oder in der Nebensaison auf den Weg dorthin machen. Dann zeigt Vai noch die erhoffte Traumstrand-Szenerie. Absolutes Glück verspricht das faszinierende Farbenspiel bei Sonnenaufgang. Bis die Scharen von Ausflüglern aus allen Ecken der Insel anreisen, bleibt sogar Zeit zum Schwimmen, Schnorcheln und Sonnenbaden. Auch lässt sich dann in Ruhe darüber philosophieren, ob in der Antike hier wirklich ägyptische Soldaten den Ausblick genossen und dabei die Kerne ihrer mitgebrachten Datteln in den Sand gespuckt haben. Laut Volksmund sollen die Ägypter den 200 Hektar großen Palmenhain mit über 5000 Kretischen Dattelpalmen verantworten. Wahrscheinlicher ist jedoch, dass die Palmen bereits in minoischer Zeit auf der Insel wuchsen.

Geschützt vor den Menschen

Wahrscheinlich gibt es den Palmenhain, der bis vor wenigen Jahrzehnten touristisch unerschlossen und begehbar war, jedoch schon viel länger. 1973, nachdem Hippies und Camper die Gegend verschmutzten und die Zerstörung des Areals drohte, wurde es unter Naturschutz gestellt und umzäunt. Am Grobsandstrand mit Restaurant, Sonnenliegen und Wassersportstation spenden heute somit nur wenige Exemplare Schatten.

Ist Vai Ihnen doch zu voll? Dann erklimmen Sie die südliche Felsnase, auf der ein Aussichtspunkt wartet. Über Stock und Stein geht es auf der anderen Seite hinab in die schöne Nachbarbucht Psili Ammos mit tiefem Wasser für Schwimmer und Einsamkeit für FKK-Touristen. Der feine Sand zieht sich hier etwa 200 Meter tief ins Landesinnere. Eine weitere Option – auch zum Schnorcheln – ist die meist einsame Bucht von Itanos. Auch hier wachsen ein paar Palmen.

Im »Tal der Toten« GEMÜTLICH WANDERN

Familienfreundliche Strecke zum minoischen Palast am Meer

Durch die Entdeckung des viertgrößten minoischen Palasts in Kato Zakros erlangte die Mini-Siedlung schon 1961 internationale Bekanntheit. Der abgeschiedenen Lage verdankt das Örtchen an der Ostküste jedoch weiterhin viele Momente der Ruhe. Kato Zakros ist ein kleines Paradies, wenn Sie ein idyllisches Fleckchen Erde suchen, ein paar schöne Wanderwege begehen und einen minoischen Palast am Meer besichtigen möchten.

Wander-Highlight und Publikumsmagnet ist das 5,5 Kilometer lange »Tal der Toten«, das vom Bergdorf Zakros an die Küste führt. Die Strecke ist hervorragend für die ganze Familie geeignet und gehört mit den imposanten Felsformationen aus grauem und rötlichem Kalkstein zu den schönsten der Insel. Begleitet von Oregano- und Thymianduft führt sie in gut zwei Stunden ans Meer. Ihren eigenartigen Namen verdankt sie den vielen Höhlen und Grotten in den Felswänden, die von den Minoern als Gräber genutzt wurden. Während der zweistündigen, einfachen Wanderung staunen Sie über Mastixsträucher, Disteln und Johannisbrotbäume sowie über den waldartig wachsenden Oleander und die wilden Olivenbäume.

Am Ende der Schlucht wartet schließlich der minoische Palast von Kato Zakros auf Erkundung. Er wurde erstmals um 1900 v. Chr. erbaut, zerstört, neu errichtet und um 1450 v. Chr. wie alle minoischen Paläste endgültig zerstört. Außergewöhnlich sind die zahlreichen Funde, die man hier in den über 300 Räumen machte und die davon zeugen, dass die Minoer Handel mit dem Nahen Osten pflegten. Wegen seiner abgeschiedenen Lage wurde dieser Palast nämlich nie geplündert. Kuriosester Fund waren übrigens 3000 Jahre alte Oliven in einem Wasserbecken, das heute von einigen kleinen Schildkröten bewohnt wird.

Palast von Kato Zakros · Juni–Okt. tägl. 8–20, Nov.–Mai Mi–Mo 8.30–15.30 Uhr

Strandvielfalt AM »ENDE DER WELT«

Süßes Nichtstun an den Stränden von Xerokambos

Das abgelegene Strandparadies im äußersten Osten, in dem man sich ein bisschen fühlt wie am Ende der Welt, ist ein bezauberndes Refugium. In Xerokambos machen Stille, die naturbelassene Landschaft und menschenleere Strände die Idylle perfekt. Man wohnt in kleinen Pensionen und isst in wenigen Tavernen. Mehr Auswahl bieten die facettenreichen Buchten: Schroffe Felsen begeistern hier ebenso wie Sand, Kies und Steine. Wellness-Liebhaber sollten unbedingt den winzigen Strand Argilos unterhalb der fotogenen Kapelle Agios Nikolaos besuchen: Dort kann man ein natürliches Schlammbad mit hautreinigenden Tonmineralien genießen. Nördlich der Siedlung fasziniert hinter dem Ende der Uferstraße außerdem der riesige Sandstrand Alatsolimni, eine alte Saline, auf der im Frühling und Herbst oft Falken, Reiher und Flamingos rasten. Der bekannteste Strand der Gegend ist Katsounaki (oder Alona), der mit Dünen, weißen Sandlilien und kristallklarem Wasser lockt. Der längste Strand Amatos erstreckt sich hinter dem Kap Trachilos und beglückt mit weißem Sand.

Koufonisi

EIN KLEINES BADEPARADIES

Die Mini-Insel lockt mit herrlich weißen Sandbuchten.

Noch bis vor wenigen Jahren fuhren Einheimische mit ihren Booten gern zum einsamen Baden auf die südöstlich von Makrigialos gelegene, unbewohnte Insel Koufonisi. Stille und Idylle suchen Sie hier inzwischen vergeblich, denn das schattenlose, gerade mal fünf Quadratmeter große Eiland, auf dem es weder Liegen noch Sonnenschirme zu mieten gibt, wird von Mai bis Oktober täglich vom »Piratenschiff Evdokia« und somit von Hunderten Sonnenhungrigen angesteuert. Denn Koufonisi fasziniert mit seiner himmlischen Strandszenerie. Die weiß schimmernden, feinsandigen Strände und das glasklare, in allen Blau- und Türkistönen glitzernde Wasser schaffen eine Traumkulisse für einen gelungenen Strandtag – wenn man sich nicht am Trubel stört.

Dass dies übrigens schon in der römischen Antike ein lebhaftes Plätzchen war, bezeugen die im Sand versunkenen Reste von Häusern und einem Theater mit rund 1000 Plätzen. Sie gehörten zu einem Dorf, dessen Einwohner von der lukrativen Purpurschneckenzucht lebten. Die gewonnene Farbe wurde nach Athen und Rom exportiert, um dort kaiserliche Gewänder zu färben.

www.cretandailycruises.com

Direkt am Meer
IN MAKRIGIALOS

Wellenrauschen am »langen Strand« genießen

Gibt es etwas Schöneres, als sich am Abend vom Geräusch der Brandung in den Schlaf wiegen zu lassen und morgens gleich am Wasser die ersten Sonnenstrahlen auf der Haut zu spüren? Im lebendigen Urlaubsörtchen Makrigialos (auch: Makrys Gialos) ist das möglich. Denn viele der kleinen, familiär geführten Apartmentanlagen und Hotels liegen im südöstlichsten Urlaubsort Kretas direkt am langen Sandstrand. Kein Wunder, dass hier – bis auf die vielen skandinavischen Gäste in den Großhotels am östlichen Ortsrand – vorwiegend Individualtouristen auf der Suche nach gemütlichen Strandtagen ihren Urlaub verbringen. Der gut einen Kilometer lange, flach abfallende Strand, der auch für Kleinkinder geeignet ist, zieht sich vom östlichen Ortsrand bis zum kleinen Fischerhafen. Dort erstreckt sich auch die verhältnismäßig kurze Promenade mit ihren Cafés und Tavernen. Dahinter erhebt sich ein niedriges Felsplateau mit dem eigentlichen Ortskern von Makrigialos. Gleich neben der modernen Dorfkirche wurden Überreste einer römischen Villa freigelegt.

Herrliche Ausblicke auf das Meer verspricht ganz in der Nähe übrigens auch das geschichtsträchtige Kloster Kapsa, das imposant an einer Felswand zu kleben scheint. Der idyllische Innenhof des Konvents aus dem 15. Jahrhundert lädt mit Zitronen- und Mispelbäumen und einem Brunnen zum Innehalten ein.

GLÜCKSVERSTÄRKER

Sie möchten auch beim Essen unmittelbar am Meer sitzen? Außer den Tavernen an der Promenade von Makrigialos lohnt dann der Besuch der Taverne Kalliotzina im benachbarten Koutsouras, wo es köstliche Hausmannskost unter Tamarisken gibt, an denen sich fast die Wellen brechen (www.tavernakalliotzina.gr).

Ierapetra

EIN HAUCH VON AFRIKA

In Kretas einziger Südküstenstadt geht es gemütlich zu.

Der ganz normale kretische Alltag, Landwirte und Gewächshäuser, wüstenähnliche Temperaturen sowie urige Tavernen und Cafés prägen Ierapetra. Europas südlichste Stadt liegt nur 200 Seemeilen nördlich von Afrika und reizt nicht ohne Grund viele Auswanderer aus Nord- und Mitteleuropa zum Überwintern. Das hier selbst im Winter milde Klima ist für Fremde äußerst verlockend, aber auch der Grund für die Haupterwerbstätigkeit der Einheimischen: Die ist schon seit den 1960er-Jahren hauptsächlich die Landwirtschaft, sodass das Gebiet um die Stadt von meist völlig altmodischen Gewächshäusern aus Stahlgerüst und Nylon geprägt wird.

Einfach und authentisch

Glücklich macht Ierapetra, wenn Sie ein authentisches Kreta suchen und behagliche Tage abseits der Massen verbringen möchten. Während tagsüber das Dösen am Strand auf dem Programm steht, genießen Sie die Abende zwischen Einheimischen – sowohl beim Spaziergang entlang der langen Promenade als auch in Cafés und Tavernen. Herrlich einfach lässt man dort bei leckeren *mezédes,* Bier oder *rakí* den Tag ausklingen.

Ein Spaziergang durch das orientalisch anmutende Städtchen lässt Sie in alte Zeiten eintauchen. Sie können das Haus passieren, in dem Napoleon Bonaparte (1769–1821) übernachtet haben soll, eine alte Moschee und ihren Reinigungsbrunnen bestaunen und unter Palmen auf dem friedlichen Hof die Ruhe genießen. Einen Blick lohnt auch das kleine Kastell Kales am Hafen, das im 13. Jahrhundert von den Genuesen angelegt wurde. Kirchenfans begeistert gegenüber die Doppelkirche Afentis Christos, die bezeugt, dass in venezianischer Zeit sowohl Platz für griechisch-orthodoxe als auch für römisch-katholische Gottesdienste war.

www.ierapetra.gr

Badeausflug
ZUR INSEL CHRISSI

Robinsonaden und Traumstrand im Libyschen Meer

Weitgehend unberührte Natur, in jeglichen Blaunuancen schimmerndes, kristallklares Wasser, ein endlos wirkender Sandstrand und viele weitere Badestellen prägen das unbewohnte Inselchen Chrissi südlich von Ierapetra. Auf dem gerade mal fünf Kilometer langen Eiland im Libyschen Meer suchen Sommer für Sommer Hunderte Badefans und Sonnenhungrige ihr Glück. Die meisten setzen von Ierapetra aus mit den großen Passagierschiffen über. Am schönsten ist die Überfahrt allerdings mit der schicken Motorjacht »Nautilus«, auf der gerade mal 17 Personen Platz haben. Am Bug der Jacht können Sie auf der Hinfahrt nicht nur den Wind im Gesicht genießen, sondern auch den herrlichen Blick. Nach der Ankunft steht für Wasserratten viel Badespaß und für Abenteurer die ausgiebige Erkundung der unter Naturschutz stehenden Insel auf dem Programm. Am Nachmittag geht es wieder zurück. Übernachtungen sind auf dem Inselchen nämlich strengstens verboten.

Versteckte Naturschönheiten

Chrissi erwartet die Besucher nicht nur mit dem viel besuchten Sandstrand Golden Beach. Auf der Insel können sich alle, die an ausreichend Sonnenschutz und Verpflegung gedacht haben, auch ruhigere Plätze suchen. Neugierig macht im kleinen Naturparadies nämlich schon zu Beginn des Ausflugstages der großfruchtige echte Stechwacholder, dessen bizarr in alle Richtungen wachsendes Wurzelgeflecht immer wieder den Sand durchzieht. Außerdem faszinieren mehrere Stellen mit unzähligen winzigen Muscheln, aber auch Felsabschnitte mit versteinerten Muscheln und Fossilien. Wer lieber wandert als badet, kann die reizvolle Natur von Chrissi über einen zehn Kilometer langen, markierten und sonnenreichen Rundweg genauer unter die Lupe nehmen.

Passagierschiff:
www.cretandailycruises.com ·
Motojacht Nautilus:
www.nautiluscruises.gr

Mirtos
EINFACH ENTSCHLEUNIGEN

Individualreisende sind an der Südküste unter sich.

Der einzige touristisch gut entwickelte Urlaubsort in der Gegend westlich von Ierapetra ist das schnuckelige Mirtos. Einst bei Hippies beliebt, hat es sich trotz zahlreicher Besucher sein charmantes Flair bewahrt, vermutlich auch, weil es dort bislang keine riesigen Hotelanlagen gibt. Das Örtchen eignet sich hervorragend zum Entschleunigen und zählt seit Jahrzehnten zahlreiche Stammgäste aus Mitteleuropa. Ihren Urlaub verbringen sie in kleinen Hotels und Apartmentanlagen, die sich in diversen hübschen Gassen mit prächtigen Bougainvilleen, Maulbeerbäumen und farbenreichen Blumen verteilen. Während Sie sich tagsüber am Kies-Sand-Strand oder mit Ausflügen in der Region die Zeit vertreiben können, treffen Sie am Abend in den Cafés und Tavernen an der Promenade immer wieder auf dieselben Gäste und Einheimischen. Aktive können sich auf eine Tauchstation und viele geführte Wanderungen freuen. Geschichtsfans sollten einen Blick ins kleine Museum werfen: Das Modell der minoischen Stätte Fournou Korifi, uraltes landwirtschaftliches Gerät und Alltagsgegenstände berichten von Mirtos' Geschichte.

www.mirtoscrete.gr

Kato Simi

EIN GANZ BESONDERER WALD

Würziger Kräuterduft erfüllt die Luft.

Genug von der Hitze der Südküste? Besuchen Sie Kato Simi. Das kleine Bergdorf an einem Bachtal liegt in außergewöhnlicher Naturkulisse, geprägt von Zedern, Eichen, Kiefern, Birnen-, Kirsch- und Walnussbäumen. Von März bis Mai blühen kretische Orchideen, der Duft wilder Kräuter wie Thymian und Salbei liegt in der Luft. An den Dorfbrunnen füllen Kreter mitgebrachte Flaschen und Kanister mit Trinkwasser. Leckereien vom Grill stillen in den beiden schattigen Dorftavernen den Hunger.

Wenn Sie die Region genauer unter die Lupe nehmen möchten, können Sie das zerstörte Dorf Ano Simi besuchen, dessen uralte Hausruinen an den Zweiten Weltkrieg erinnern: Die deutsche Wehrmacht rächte hier mit der Ermordung von 400 Dorfbewohnern den Tod zwölf deutscher Soldaten. Auch viele Denkmale, auf die Sie in der gesamten Region treffen, erinnern an das Massaker. Bedrückend. Glücklicher macht da sicher ein Sprung ins kühle Nass in Sidonia mit dem meist einsamen Grobsand-Kies-Strand und den fotogen im Wasser liegenden Felsbrocken.

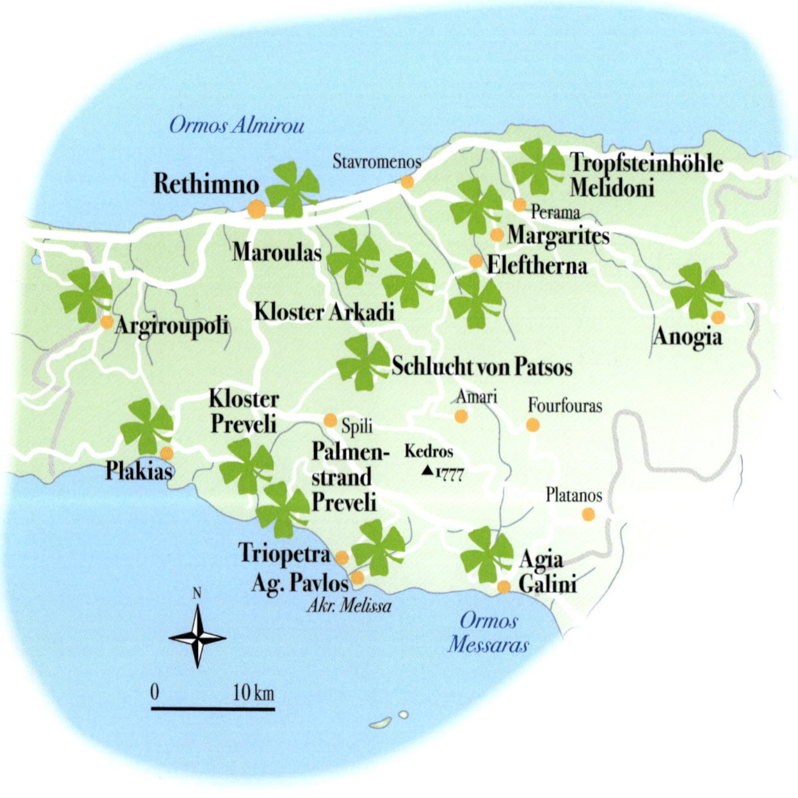

Ormos Almirou
Stavromenos
Rethimno
Tropfsteinhöhle
Melidoni
Perama
Margarites
Maroulas
Eleftherna
Argiroupoli
Kloster Arkadi
Anogia
Schlucht von Patsos
Kloster
Preveli
Amari
Fourfouras
Spili
Palmen-
strand
Preveli
Kedros
1777
Plakias
Platanos
Triopetra
Ag. Pavlos
Akr. Melissa
Agia
Galini
Ormos
Messaras
N
0
10 km

Die Region Rethimno

Der kleine Regionalbezirk Rethimno wird im Osten von Kretas höchstem Gebirge begrenzt, dem 2456 Meter hohen Psiloritis. Die Stadt Rethimno erwartet Besucher mit verträumten Gassen, guter Stimmung, viel historischer Bausubstanz und wunderbaren Restaurants und Unterkünften. Außerdem erstreckt sich Richtung Westen ein langer Strand. Kleinere Urlaubsorte machen Sie glücklicher? Dann sind Sie in Agia Galini oder Plakias gut aufgehoben. Dort finden Sie auch tolle Strände wie Triopetra oder den berühmten Palmenstrand von Preveli mit dem alten Kloster. Viel Authentisches bieten außerdem Streifzüge durch Bergdörfer wie Maroulas und Margarites oder die kleinen Dörfer des Amari-Tals. Und spannende Geschichte entdecken Sie in der Melidoni-Höhle, im Kloster Arkadi sowie in Eleftherna.

Rethimnos Altstadt
UND IHR HEITERER HAFEN

Mit Genuss durch verträumte Gassen schlendern

Stille und auch lebhafte Gassen voller venezianischer Fassaden, osmanischer Holzerker, aufragender Minarette und blumenreicher Innenhöfe sowie der venezianische Hafen machen aus der Altstadt des kleinen Rethimno eine große und beliebte Flaniermeile. Überall können Sie in hübschen Tavernen und Cafés sitzen oder in kleinen Geschäften stöbern. Für ausgiebige Badefreuden sorgt um die Ecke der sich nach Osten scheinbar endlos erstreckende Sandstrand. Spaziergänge bieten sich an der teils von Palmen gesäumten Promenade dahinter an. Dort reihen sich viele neue Hotels, Apartmentanlagen, Geschäfte und Lokale aneinander.

Ein Bummel durch Jahrhunderte

Rethimnos Altstadt breitet sich auf einer Halbinsel am Meer aus, versprüht charmantes Kleinstadtflair und verspricht mit viel historischem Erbe eine lange und spannende Reise in vergangene Jahrhunderte. Ein äußerst stimmungsvoller Teil ist der kleine venezianische Hafen mit dem alten Leuchtturm, den Fischerbooten und den pastellfarbenen venezianischen Häusern. Die Cafés und Tavernen dort sind im Sommer besonders beliebt. Südwestlich schließen sich die gepflasterten Gassen mit den kleinen Plätzen an. Effektvoll haben dort Venezianer und Osmanen ihre Spuren hinterlassen. So bummeln Sie zwischen Moscheen und prächtigen Holzerkern, die von den Osmanen an den venezianischen Häusern angebracht wurden. Staunen lassen außerdem viele venezianische Gebäude mit eleganten Portalen, die Loggia (heute ein Museumsshop) und der markante Rimondi-Brunnen von 1626 mit Wasser speienden Löwenköpfen. Oder die einstige katholische Kirche San Francesco mit der interessanten Ausstellung des Archäologischen Museums und ein Palazzo, der das sehenswerte Historische und Volkskundliche Museum beherbergt.

Bunte Stadt der Künstler

Wer mehr Zeit haben will für all die schönen historischen Bauten und das Flair, mietet sich in eines der stilvollen Boutiquehotels ein, die seit einigen

Jahren wie Pilze aus dem Boden schießen. In anderen alten Gemäuern sind gemütliche Restaurants, *rakádika* und Bars untergebracht – meist mit romantischen Innenhöfen, die man am liebsten gar nicht mehr verlassen möchte.

Dass Rethimno seit Jahrhunderten als Künstler- und Gelehrtenstadt gilt, beweist es heute noch durch die Philosophische Fakultät der Universität Kreta. Ihre kulturelle Blütezeit erlebte die Stadt nach dem Fall Konstantinopels im Jahr 1453, als sich hier viele Aristokraten, Gelehrte und Künstler ansiedelten. Heute finden im Sommerhalbjahr Festivals, Konzerte und andere Events statt – oft unter freiem Sternenhimmel, zum Beispiel in der venezianischen Fortezza. Die Festung auf dem Hügel an der Spitze der Halbinsel, die aus dem 16. Jahrhundert stammt, beglückt aber auch an anderen Tagen mit einem tollen weiten Blick über die Dächer der Altstadt, den Hafen und das Meer.

www.rethymno.guide

Hotel-Restaurant Avli

FÜR DEN URLAUB MITTENDRIN

Wohnen und schlemmen in historischen Mauern

Ende der 1980er-Jahre wollte die damals sehr junge Katerina Xekalou einen Treffpunkt für ihre Freunde schaffen und eröffnete im Herzen von Rethimnos Altstadt, in einem rund 500 Jahre alten Gebäude mit wunderschönem Innenhof, das Restaurant Avli. Die exzellente, modern interpretierte kretische Küche und viele ausgezeichnete Weine sorgen dort seitdem für bleibende Genussmomente, die es für Rethimno-Besucher unbedingt zu erleben gilt.

Sie möchten den Glücksmoment hier verlängern? Dann machen Sie das Avli-Erlebnis mit einer Übernachtung in einem venezianischen Herrenhaus aus dem 17. Jahrhundert perfekt. Die sieben luxuriösen Suiten, in denen kretische, venezianische und orientalische Stilelemente ein ganz besonderes Flair schaffen, machen aus den Avli Lounge Suites seit vielen Jahren eines der besten Boutiquehotels Kretas. Exzellenter Service ist natürlich inklusive. Wer es etwas »süßer« mag, ist in den zugehörigen Candy Suites genau richtig. Die fünf schnuckeligen und mit viel Liebe zum Detail dekorierten, allerdings etwas kleineren Suiten sind in einem 500 Jahre alten Gebäude untergebracht.

Eine gelungene Alternative bietet die Avli-Familie übrigens auch zum Essen: Anstatt im Restaurant können Sie auch ins zugehörige *mezedopolío* gehen. Im kunterbunt eingerichteten, an alte Zeiten erinnernden »1600 Raki Ba Raki« sorgen kreative *mezédes* aus der offenen Küche für Gaumenglück.

Avli · Xanthoudidou 22 & Radamanthios · Rethimno · www.avli.gr

GLÜCKSVERSTÄRKER

Runden Sie Ihren Aufenthalt im Avli mit einem Einkauf ab: Im Agora Avli Raw Materials gibt es ausgewählte kretische Delikatessen, hübsch verpackt zum Mitnehmen. Damit die Erinnerung an glückliche Stunden länger anhält.

Der Letzte seiner Art

BEIM BACK-KÜNSTLER

Hier bekommen Süßmäuler große Augen.

Naschkatzen aufgepasst! Wer in Rethimnos Altstadt unterwegs ist, sollte unbedingt einen Blick in die uralte Backstube von Giorgos Chatziparaschos werfen. Kretas letzter Blätterteigbäcker sorgt mit seinem traditionellen Handwerk seit über 70 Jahren für leuchtende Augen – und tolle Fotos. Bei der Stippvisite in den urigen Räumen des venezianischen Gebäudes können Sie dem fast 90-Jährigen, inzwischen unterstützt von seinem Sohn Paraskevas, täglich dabei zusehen, wie er immer wieder kleine Teigpakete aus Mehl, Wasser und Salz schwungvoll in die Luft wirft. Der Teig entfaltet sich in der Luft, wird zur großen Blase, die auf den ausgebreiteten Sackleinen auf dem großen Tisch landet. Dort dehnt der Bäcker den immer dünner werdenden Teig vorsichtig und gleichmäßig aus.

Läuft Ihnen das Wasser im Mund zusammen? Dann kosten und kaufen Sie gleich vor Ort, was aus dem Blätterteig gezaubert wird. Denn Katerina, die Herrin des Hauses, backt daraus das in Zuckersirup getauchte Gebäck Baklava, das mit gehackten Mandeln, Walnüssen und Pistazien gefüllt wird.

Vernadou 30 · Rethimno ·
Tel. +30 28 31 02 94 88 ·
tägl. tagsüber geöffnet

Prima Plora

GENUSS AM MEER

Köstlichkeiten mit herrlichem Ausblick

Sie wollen entdecken, was Rethimno außerhalb der Altstadt so zu bieten hat? Dann machen Sie sich am Meer entlang auf den Weg nach Osten. Im ehemaligen Industriegebiet liegt das Restaurant Prima Plora – ein wahrer Glücksfall für Feinschmecker. Und auch für Freunde schöner Aussichten, denn einen herrlichen Blick auf das Meer und die Festung Fortezza genießen Sie hier sowohl aus dem mit viel Stein und Holz ausgestatteten Innenbereich als auch von der hübschen Terrasse und den Tischen auf den Felsen am Meer.

Einen ersten Eindruck erhalten Neugierige schon vorab auf der Webseite: Besonders viel Wert wird auf gute Zutaten gelegt, und man erfährt, woher sie stammen. Außer fangfrischem Fisch gibt es Fleisch und Milchprodukte von lokalen Bio-Bauern und saisonales Gemüse aus biologischem Anbau. Mit viel Fantasie werden daraus dann vielfältige Gerichte kreiert, die eine unvergessliche Reise in die Welt der traditionellen und kreativen kretischen Kochkunst bieten, vom Meeresfrüchte-Risotto bis hin zu wirklich traumhaften Desserts. Reservierung empfehlenswert.

Prima Plora · Akrotiriou 8 · Rethimno · Tel. +30 28 31 05 69 90 · www.primaplora.gr · tägl. ab 13 Uhr

Kunsthandwerk UND WEBARBEIT

Von neuen Mustern und alten Techniken

In Dörfern und Städten sehen wir immer wieder Kunsthandwerk, das neugierig macht und zum Einkaufen verführt. Besonders weit verbreitet ist Kretas traditionelle Webkunst, ein Handwerk, das bis ins letzte Jahrhundert von Generation zu Generation weitergegeben wurde und im Alltag der kretischen Frauen sehr bedeutsam war. Aus Schaf- und Baumwolle, Leinen und Seide webten die Kreterinnen meisterhafte Decken, Teppiche, Kleider und Rucksäcke. Handgefertigte Textilien mit Natur- und Alltagsmotiven sowie geometrischen Mustern durften in einer guten Mitgift schließlich nicht fehlen.

Glücklich machten die Webarbeiten bis zur zweiten Hälfte des 20. Jahrhunderts nicht nur Bräute, sondern auch Urlauber. Sie wurden in fast jedem Dorf fündig, denn dort konnten die Frauen sich mit den Textilien einst gut etwas dazuverdienen. Und ein Webstuhl war damals in jedem Haushalt vorhanden. Seit Ende der 1980er-Jahre wurden die qualitativ hochwertigen, handgefertigten Stoffprodukte allerdings immer öfter durch importierte, maschinengefertigte (Billig-)Waren ersetzt, und so wurde die Tradition hauptsächlich von Frauenkooperativen und Klöstern weitergeführt. Wer heute auf der Suche nach Webarbeiten ist, sollte besonders bei sehr günstigen Teilen genau hinsehen. Gute Qualität muss schließlich auch auf Kreta angemessen bezahlt werden.

Neuer Trend zu altem Handwerk

Dank des anhaltenden Trends zu Qualität und Originalität aber finden Frauen in den letzten Jahren vereinzelt zur Handarbeit zurück, lernen von ihren Müttern, Großmüttern oder Nonnen und schaffen es, fast vergessene Techniken und Muster mit modernen Designs und Ansprüchen zu kombinieren. Genutzt werden dafür oft heimische Materialien.

Für Inspiration sorgen Geschichte, Mythologie und Natur, so auch bei Alexandra Theohari aus Rethimno und ihrem Label Klotho. Ihre erste Kollektion brachte sie im Jahr 2016 auf den Markt. Heute gibt es ihre legeren und eleganten Kleider, Oberteile und

Taschen auf ihrer Webseite, in einigen Hotels und sogar in Singapur und Australien. Wer selbst mal etwas weben möchte, sollte an einem ihrer Workshops teilnehmen. In neun Stunden lernen Sie die althergebrachte Webtechnik oder werden in die Kunst der Tapisserie eingeführt, einer Technik für Motive. Ebenfalls in Rethimno ist die junge Antonia Stathaki ansässig. Ihre tollen Taschen verkauft sie sogar in Finnland, und ihr preisgekröntes Label LOOMhandmade steht für stilvolle Einzelstücke in jeglicher Größe und Farbe, bestehend zu 100 Prozent aus Naturmaterialien. Sind Sie auf der Suche nach Traditionellerem? Dann besuchen Sie beispielsweise das Dorf Zaros. Dort fertigen Mutter Maria und Tochter Aspasia in ihrem Laden »Mitos« typisch kretische Textilien, von Teppichen über Tischdecken bis hin zu Handtüchern.

Klotho: www.klotho.com.gr · LOOMhandmade: www.loomhandmade.com · Mitos: www.facebook.com/mitoszaros

Maroulas
EIN SEHR FOTOGENES DORF

Gemütlicher Spaziergang mit Pflanzenheilkunde

Viele Dörfer mit attraktiver historischer Bausubstanz warten in Kretas Bergwelt immer wieder auf Erkundung. In der Gegend von Rethimno sollten alle, die kurze Streifzüge durch Dörfer lieben, unbedingt einen Abstecher ins charmante Maroulas unternehmen. Der festungsartig auf einem Hügel erbaute Ort diente dank des herrlichen Blicks auf die Küste und das Meer schon vor Jahrhunderten wohlhabenden Venezianern und später Osmanen als Landsitz. Mit dem Bevölkerungsaustausch zwischen Griechenland und der Türkei zu Beginn des 20. Jahrhunderts ließen sich aus Kleinasien stammende Griechen in Maroulas nieder. Mit der einsetzenden Landflucht wurde der idyllische Ort wieder verlassen. Interesse weckt das inzwischen unter Denkmalschutz stehende Dorf erst seit einigen Jahren wieder.

Gesundes aus Kräutern

Beim Bummel durch die engen Gassen sehen Sie liebevoll restaurierte Häuser und durchstreifen romantische Ruinen, darunter eine venezianische Hausburg aus dem 16. Jahrhundert, einen Wachturm, uralte Olivenpressen sowie mehrere Brunnen und einen Hamam aus osmanischer Zeit. Maroulas lockt aber nicht nur mit der historischen Bausubstanz und der wunderbaren Aussicht, die Sie vor allem in den hiesigen Tavernen genießen können. Etwas ganz Besonderes wartet an der unteren Platia auf Kräuterfans. Im Laden der lebhaften Marianna, die schon vor Jahren aus Athen nach Maroulas gezogen ist, kann man viel über die kretischen Kräuter und die Kräuterheilkunde lernen. Die studierte Psychologin, die sich schon lange mit den Heilmethoden der alten Griechen beschäftigt, stellt Extrakte, Tees, Öle und Salben aus heimischen Kräutern her. Sie dienen der Heilung und der Stärkung der Körperfunktionen.

Marianna's Workshop · unterer Dorfplatz · Maroulas · www.mariannas-workshop.gr · Mo–Sa 10–19, So 10–15 Uhr

Glück zum Verschenken

Souvenirs von Kreativen und Designern sind oft inspiriert von Kretas Geschichte, den Mythen und der Kultur und kombinieren Originalität mit guter Qualität. Bei **Zalo Crete** in Iraklio und im **Canea Gift Shop** in Chania gibt es wirklich alles: von handgemachten Notizheften über Textilien bis hin zu Deko und Spielen.

www.zalo.gr, www.caneagiftshop.com

Auf Kreta finden Sie allerhand Kulinaria für jeden Geschmack. Feinschmecker und Hobbyköche freuen sich sicherlich über ein hübsches Fläschchen exzellentes **Olivenöl**, auch aus biologischem Anbau erhältlich, z.B. von **Papadakis Olive Groves** in Kamilari.

www.facebook.com/ PapadakisOliveGroves

Wenn Sie es etwas traditioneller mögen, können Sie außer der **Keramik aus Margarites** (siehe S. 120) wunderschöne Mitbringsel aus Olivenholz kaufen. Bei **Art on Olive Wood** in Agios Nikolaos oder bei **Nikos Siragas** in Rethimno erhalten Sie diverse Gebrauchsartikel, vom Löffel über Kerzenständer bis hin zum Weinhalter.

www.artonolivewood.com
www.nikossiragas.com

Kloster Arkadi

DER GESCHICHTE GANZ NAH

Ein wichtiges Kapitel im kretischen Widerstandskampf

Sie wollen in die Kultur und das Wesen der Kreter eintauchen? Und damit auch ihren festen Widerstandswillen gegen Fremdherrscher verstehen? Dann blicken Sie im Kloster Arkadi am Rande der Arkadiotiko-Schlucht hinter die Kulissen. Kein anderes kretisches Kloster ist in Griechenland so bekannt wie das einsam auf einem Hochplateau im Hinterland von Rethimno thronende Moni Arkadi. Für die Kreter ist es aufgrund der dramatischen Geschehnisse des Jahres 1866 Sinnbild für den Widerstand gegen die Türkenherrschaft, der wenige Jahre später in die Unabhängigkeit führte. Als 200 kretische Rebellen damals gegen 2000 türkische Soldaten kämpften, sollten die Klostermauern die Menschen schützen. Im Pulvermagazin des Konvents verschanzten sich etwa 950 Kreter, davon zwei Drittel Frauen und Kinder. Als die Türken eindrangen, sprengte der heute als Nationalheld geltende Kostas Giamboudakis alles in die Luft, denn die Geflohenen wollten nicht in die Hände der Osmanen gelangen. Der Massenselbstmord bewegte damals die ganze westliche Welt. Doch obwohl Hilfe angefordert wurde, mischte sich niemand ein.

Auf den ersten Blick wirkt das Kloster mit seinen hohen Mauern auch heute noch kampfbereit. Hinter dem Portal finden Sie sich aber in einem wunderbar friedvollen und blumenreichen Innenhof wieder. Imponierend sind die Kirche von 1587 mit ihrer reich verzierten Renaissancefassade und die Exponate im Museum, die auch vom Widerstandskampf erzählen. An das tragische Ereignis erinnern ein altes Geschoss im Stamm einer Zypresse, das einstige Pulvermagazin ohne Dach und die restaurierte Windmühle am Parkplatz gegenüber dem Eingang zum Kloster. Dort werden die Gebeine und Schädel der Opfer bis heute aufbewahrt.

Moni Arkadi · Juni–August tägl. 9–20, April, Mai, Sept., Okt. tägl. 9–19, Nov.–März tägl. 9–16 Uhr

Töpferkunst
IM MALERISCHEN MARGARITES

Hier kann man Kunsthandwerkern über die Schulter schauen.

Mit Tonwaren geschmückte Häuser bezeugen in Margarites, dass die Töpferkunst jahrhundertelang Hauptbeschäftigung der Dorfbewohner war. Aus Ton entstanden die *pithi*, traditionelle Gefäße für kretische Haushalte. Heute werden hier vor allem Urlauber auf der Suche nach Deko und Gebrauchskeramik glücklich. Interessante und vorwiegend traditionelle Stücke fertigt Kostas Gallios in seinem Atelier Ceramic Art. Seine Amphoren, Schalen, Kannen und Öllampen bestehen aus Ton der Region und sind von minoischen oder hellenistischen Funden inspiriert. Traditionelle Keramik mit modernem Touch, die aus einmal gebranntem Ton ohne Glasur entsteht, gibt es bei Giorgos Dalamvelas in seiner Werkstatt Keramíon. Wer es moderner und minimalistisch mag, wird das ea ceramic studio von Ema Ramanskaite und Aris Tabatsikos lieben. Bei diesen Künstlern, die sich von antiken Formen inspirieren lassen, ohne dabei den zeitgenössischen Komfort aus den Augen zu verlieren, gibt es schlichte Objekte für den täglichen Bedarf sowie Schalen in knalligen Farben. Auch bieten sie kurze und mehrtägige Workshops an.

Gallios Ceramic Art: https://galliosceramicart-potteryworkshop.business.site · Keramíon: www.keramion.gr · ea ceramic studio: www.eaceramicstudio.com

Tropfsteinhöhle
TOLL ILLUMINIERT

Stalagmiten und Stalaktiten leuchten im geschichtsträchtigen Melidoni.

Magische Unterwelt-Stimmung und Gruselschauer bietet die kleine Tropfsteinhöhle Melidoni. Die Grotte, die in der Jungsteinzeit als Heiligtum galt, imponiert heute mit herrlicher Beleuchtung und erzählt zugleich eine dramatische, vom kretischen Freiheitsgeist zeugende Geschichte. 1824 fand hier nämlich ein verheerendes Massaker statt, an das man bis heute erinnert: Während der Freiheitskriege gegen die Osmanen versteckten sich hier drinnen 300 bis 400 Kreter, darunter viele Frauen und Kinder. Die türkische Armee entdeckte sie und belagerte die Höhle drei Monate lang. Die Kreter ergaben sich nicht, sodass die Osmanen am Eingang ein Feuer entzündeten und die Geflüchteten qualvoll erstickten. Einziger Überlebender war Manolis Kirmizakis. Er ging zehn Jahre später wieder in die Höhle. Dann wurden auch die sterblichen Überreste der Menschen geborgen und in einem Sarkophag in der Grotte bestattet. Heute ist die Höhle mystisch illuminiert. Stalagmiten und Stalaktiten wirken wie riesige Lichter in einer für die Toten erbauten Kathedrale.

Melidoni-Höhle · Melidoni · www.melidoni.gr · Mai–Sept. 8–20 Uhr, April, Okt. 9–19 Uhr

Antikes Eleftherna
HISTORIE UND NATUR VEREINT

Hier werden Archäologiefans richtig glücklich.

Die Ruinen der antiken Stadt Archea Eleftherna liegen inmitten von Johannisbrot- und Olivenhainen in herrlicher Hügellandschaft und begeistern nahe des modernen Eleftherna mit tollem Blick auf das Meer. Das gut 12 000 Quadratmeter große Areal ist mit dem archäologischen Park und einem überaus modernen Museum ein Paradies für Archäologiefans. Im gesamten Areal erhalten Sie einen umfassenden Blick auf das Leben im antiken Eleftherna, das im 8. Jahrhundert v. Chr. gegründet wurde und einst bedeutendster kretischer Stadtstaat war. Ein Streifzug führt durch die in ihre natürliche Umgebung eingebetteten Überreste der Stadt. Entlang der Wege staunen Sie über die Ruinen von Wohnhäusern und Thermalbädern, Stützmauern und einer christlichen Basilika aus dem 6. Jahrhundert.

Homer hatte recht!

Spannendster Teil ist die Nekropole Orthi Petra aus der Zeit vom 9. bis zum 7. Jahrhundert v. Chr. Die dort gemachten Funde bestätigen nun auch wissenschaftlich die bislang nur als Mythen geltenden Beschreibungen von Homer in seiner *Ilias*. Von ihm erwähnte Bestattungsriten wie der Scheiterhaufen von Patroklos fanden tatsächlich statt. Beweisen konnte man dies durch einen Soldaten, der gemeinsam mit einem Gefangenen begraben wurde, den man ihm zu Ehren opferte. Handfester wird der Einblick ins antike Leben im Museum. Die ausgestellten Funde sollen ständig ausgetauscht bzw. ergänzt werden, um den Fortschritt der Grabungen zu dokumentieren. Die drei Hallen widmen sich mit ihren Exponaten dem privaten und politischen Alltag und dem Handel, dem religiösen Leben und den Friedhöfen.

Museum: Mai–Okt. Mi–Mo 8–18, Nov.–April Mi–Mo 8.30–15.30 Uhr · www.mae.com.gr · aktuelle Öffnungszeiten der Ausgrabungen im Museum erfragen

Traditionen in Anogia

GELIEBT UND GELEBT

Schafzucht, Musikkultur und rauschende Feste

Kretas berühmtestes Bergdorf macht mit lebendigen Traditionen Urlauber und auch viele Kreter glücklich. Denn Anogia ist bekannt für die vielen Musiker, für Schafzucht und Gutes vom Grill, für rauschende Hochzeiten und den starken Zusammenhalt der Bewohner. Der große, geschichtsträchtige Ort lockt mit ländlichem und authentischem Flair an die Hänge von Kretas höchstem Berg, dem 2456 Meter hohen Psiloritis. Ich freue mich auf Anogia, wie auch viele Einheimische, wenn es schneit. Dann wandelt sich die Region zu einem Winterwunderland, und in den Tavernen mit ihren offenen Kaminen oder Holzöfen wird es besonders gesellig.

Anogia lohnt sich jedoch auch im Sommer. Es ist einfach wunderbar, sich hier zwischen die Einheimischen zu mischen und in Tavernen köstliche Gerichte mit Lamm und Zicklein aus eigener Zucht zu genießen. Das Treiben beobachten Sie gut in den urigen *kafenía,* beispielsweise im ursprünglichen unteren Viertel Perachori. Dort schlürfen ältere Herren oft noch in traditioneller Kleidung ihren griechischen Mokka, tragen schwarze Hemden und das Fransenkopftuch *sariki.* Eine Rast zum Kaffee oder *rakí* sollten Sie im urigen »Platia tou Syntagmatos« machen, einem der ältesten Kaffeehäuser des Landes. Gleich gegenüber erinnert ein kleines Museum im Geburtshaus von Nikos Xilouris (1937–1980) an den bedeutenden Lyraspieler.

GLÜCKSVERSTÄRKER

Fahren Sie von Anogia zur Nida-Hochebene in 1400 Meter Höhe und genießen Sie zwischen Tausenden Schafen Natur pur. Wer genauer hinsieht, entdeckt die große Landschaftsskulptur **Andartis** der Bildhauerin Karina Raeck. Zwischen 1988 und 1991 hat sie aus etwa 5000 Natursteinen einen beflügelten Partisanen nachgebildet und ein Monument für den Frieden geschaffen.

Die Vergangenheit vereint

Wer im Juli oder in der zweiten Augusthälfte auf Kreta ist und sich für Dorffeste begeistert, sollte an einem

Wochenende hierherkommen, wenn Hochzeiten stattfinden, die nirgends so begangen werden wie hier. Tausende Gäste feiern dann auf einem der Plätze und in den umliegenden Gassen, sodass Sie gut dabei sein können – und auch oft dazugebeten werden.

Grund für das Festhalten an Sitten und Bräuchen und für den starken Zusammenhalt ist übrigens die Geschichte, an die im ganzen Dorf immer wieder Denkmale erinnern. Anogia wurde in den letzten Jahrhunderten dreimal – 1822, 1867 und 1944 – gänzlich zerstört. Der letzte vernichtende Brand war im Zweiten Weltkrieg. Damals rechtfertigten die deutschen Truppen die Ermordung aller Männer im Umkreis von einem Kilometer mit der Entführung des deutschen Generals Kreipe nach Ägypten zum britischen Feind. Die Seiten eines steinernen aufgeschlagenen Buchs vor dem Rathaus zeigen die Anordnung zur Zerstörung durch den deutschen General Friedrich Wilhelm Müller sowie den Bewohnern im Mai 1946 verliehene Tapferkeitsorden.

www.anogeia.gr

Events

TOP 5

1 Karneval (Region Rethimno) Karneval wird auf Kreta immer beliebter. Tradition hat das Fest seit Jahren in Rethimno. Ausgelassene Stimmung verspricht Kretas größter Umzug am Sonntag vor Rosenmontag.
www.rethymnocarnival.gr

2 Ostern (inselweit) Das wichtigste Fest der griechisch-orthodoxen Kirche sollten Sie nicht verpassen: Prozessionen an Karfreitag, Mitternachtsmessen mit Feuerwerk von Karsamstag auf Ostersonntag und viel Essen mit Livemusik in Hotels und Tavernen am Ostersonntag.

3 Matala Beach Festival (Region Iraklio) Im Zeichen der Hippies feiern viele junge Kreter – meist am dritten Juniwochenende – mit Konzerten, Street-Painting, Yoga und weiteren Aktionen beim dreitägigen Festival am Strand von Matala.
www.matalabeachfestival.org

4 Mariä Himmelfahrt (inselweit) Auf traditionellen Dorffesten mit kretischer Musik können Sie meist am Vorabend des 15. August in vielen Dörfern feiern. Fragen Sie im Hotel, wo in der Nähe ein Fest stattfindet.

5 Nationalfeiertag Óchi-Tag (inselweit) Mit Paraden, an denen Schulen, Politiker und das Militär teilnehmen, feiern die Kreter am 28. Oktober in allen Städten, dass sie sich 1940 weigerten, kampflos vor den italienischen Truppen zu kapitulieren.

Unberührte Dörfer
IM FRUCHTBAREN AMARI-TAL

Ruhige Natur und kleine Schätze warten auf Entdecker.

Das grüne Amari-Tal, das eher selten von Fremden angesteuert wird, beglückt zwischen den rauen Bergwelten des Psiloritis und des Kedros mit unberührter Natur, Stille und Ursprünglichkeit. Starten Sie zur Tour durch rund 40 charmante Dörfer und treffen Sie zwischen Mandel-, Birnen-, Apfel-, Kirsch- und Olivenbäumen auf verstreut liegende byzantinische Kapellen und auf einsam vor sich hin schlummernde historische Zeugnisse.

Von Norden her steuern wir zunächst den großen, zwischen Hügeln eingebetteten Stausee Amariou an. Danach lohnen vor allem die Dörfer Meronas, Thronos und Amari einen Halt. Das üppig grüne Meronas wird von großen Platanen, Quellen und einem fantastischen Talblick geprägt. Außerdem empfiehlt sich ein Blick in die Panagia-Kirche aus dem 14. Jahrhundert mit ihrem reich verzierten Eingang. Eine herrliche Sicht ins Tal verspricht auch der Hügel Kefala oberhalb von Thronos.

Kräuterduft und Ruinenromantik

Eingefleischte Archäologiefreunde begeistern dort auch die spärlichen Reste der antikrömischen Siedlung Sivritos, und im Ortskern lohnt die winzige Panagia-Kirche mit Fresken aus dem 14. Jahrhundert einen Zwischenstopp. Seinen Namen verdankt das Tal übrigens dem Dorf gleichen Namens mit dem weithin sichtbaren und erklimmenswerten Turm.

Begleitet von Thymianduft geht es dann durch Oliven und Platanen zum wildromantischen Kloster Asomaton, das schon 1930 verlassen wurde. Ruinen umrahmen hier die mit roten Ziegeln bedeckte Klosterkirche. Abschließend folgen wir der Eukalyptusallee nach Süden und fahren entlang der Psiloritis-Hänge zum Olivenholzschnitzer und der Ruine einer frühchristlichen Basilika bei Vizari sowie zu den Ausgrabungen der minoischen Siedlung bei Apodoulou.

www.discoveramari.com

Familientreffpunkt
SCHLUCHT VON PATSOS

Wo sich Kulinarik, Natur und Glauben wunderschön vereinen.

Für Naturliebhaber und Freunde bodenständiger kretischer Küche lohnt nicht nur aus dem Amari-Tal, sondern auch von Rethimno aus der Abstecher zur üppig grünen Agios-Antonios-Schlucht nahe Patsos, denn hier steht die bei einheimischen Familien beliebte Landtaverne Drimos. In dem großen Restaurant, das mit Spielplatz und Mini-Zoo auch Familien mit Kindern anlockt, treffen sich die Kreter vor allem sonntags gern zum Mittagessen. Für kulinarische Glücksmomente sorgen außer den verschiedenen Leckereien vom Grill auch alle anderen traditionellen Speisen aus lokalen Zutaten. Richtig viel Spaß macht hier die gute Stimmung. Wer noch mehr Glück hat, erwischt sogar einen Tag, an dem kretische Livemusik auf dem Programm steht. Dann ist auf der großen Terrasse besonders viel los.

Die Schlucht des heiligen Antonius

Vor oder nach dem Essen sollten Sie einen Spaziergang in der von bunten, endemischen Wildblumen, kretischen Alpenveilchen und Platanen bewachsenen Schlucht machen. Durch die üppig grüne, gerade mal 1,5 Kilometer lange und schattige Schlucht mit den schroff aufragenden Felswänden führen ein befestigter Pfad, Stufen aus Baumstämmen und kleine Holzbrücken. Gleich zu Beginn macht eine winzige Felskapelle neugierig. Gläubige entzünden hier Kerzen und schreiben ihre Gebete auf Zettelchen, die sie in die Felsritzen klemmen. Andere lassen ihre Krücken und Gehhilfen am Altar stehen und hoffen auf Heilung durch den heiligen Antonios – oder bedanken sich auf diese Weise für seine Hilfe. Probieren Sie die »Wunschzettel« bei Gehleiden oder auch bei anderen Beschwerden doch einfach mal aus. Wer weiß …

Taverne Drimos · 3 Kilometer nördlich von Patsos (gut ausgeschildert) · Tel. +30 28 3 06 13 00 · www.taverna-drimos.gr

Unter Freunden
DIE PARÉA

Zusammen ist es einfach schöner!

Wenn Sie einen Kreter fragen, was auf seiner Insel für Glück sorgt, wird eine seiner Antworten sicherlich »die *paréa*« sein. Verständlich, denn auf Kreta geht nichts über gute Gesellschaft, auf Griechisch *paréa*. Erkennbar ist das schnell, denn nur selten werden Sie einen Kreter allein im Café, im Restaurant oder in der Taverne antreffen. Die *paréa* besteht aus Freunden und Familie, Erwachsenen und Kindern und spielt im kretischen Alltag eine wichtige Rolle, egal ob man zu Hause, im Freien oder in der Taverne beisammensitzt. Meistens trifft sich die *paréa* abends oder sonntagmittags in Tavernen. Dort ist selbst an den Essgewohnheiten zu sehen, dass der Austausch mit Freunden und Familie eine bedeutende Rolle spielt. Am liebsten werden nämlich die typischen Kleinigkeiten, die *mezédes,* sowie Fleisch oder Fisch für alle bestellt. Alles wird in die Mitte des Tisches gestellt und mit allen geteilt. Das fördert natürlich auch die Kommunikation!

Große Gastfreundschaft

Im Sommer treffen sich die Kreter gern auch im Freien. Auf dem Land wird der Grill angeschmissen oder auf typisch kretische Art *antikristó* gegrillt. Dabei schneidet man Lamm in große Teile und spießt es auf ein kreisförmiges Metallgestell. Das gut gesalzene Fleisch gart stundenlang rund um das Feuer, das in der Mitte knistert. Drum herum wird währenddessen über Gott und die Welt philosophiert und kretischer Musik gelauscht, die meist von einem oder mehreren aus der *paréa* live gespielt wird. Selbstverständlich werden auch vorbeiziehende Bekannte, aber auch neugierige Fremde dazugebeten, denn Gastfreundschaft wird vielerorts noch sehr groß geschrieben. Gesellen Sie sich auf ein Gläschen Wein oder *rakí* dazu. Und probieren Sie unbedingt auch das einfache, aber leckere Essen. Vermutlich werden Sie sich noch lange an diesen Tag erinnern. Außerdem wird ein »Nein« oft ohnehin nicht akzeptiert …

Der Traum vom Fliegen IN AGIA GALINI

Der beliebte Ferienort ist immer noch charmant.

Der lebhafte Urlaubsort am Libyschen Meer ist seit Jahrzehnten fester Bestandteil in Reisekatalogen und macht schon lange zahlreiche deutsche Stammgäste glücklich. Und obwohl Agia Galini schon seit den 1970er-Jahren Besucher willkommen heißt und mit Häusern, die den markanten Hügel hinaufklettern und den langen Strand im Osten säumen, dauernd weiter wächst, scheint der quirlige Südküstenort sein charmantes Flair nicht zu verlieren. Im kleinen, autofreien Ortskern locken viele Tavernen, Cafés und Bars mit auffälligen Dachterrassen. Wer da oben Platz nimmt, genießt den herrlichen Blick auf den modernen Fischerhafen. Dort starten im Sommer täglich Ausflugsboote zu nahen Stränden, und für Interessierte stehen Angeltouren auf dem Programm.

Der Blick fliegt hinaus aufs Meer

Neugierig macht auch das Theater auf dem Felsplateau oberhalb des Hafens, im Sommer häufig Schauplatz von Konzerten und Veranstaltungen. Außerdem verführen dort oben die Skulpturen zweier Flugpioniere zum Träumen: Dädalus und Ikarus blicken weit über die Stadt. Glaubt man der griechischen Mythologie, sollen der erfinderische Dädalus und sein Sohn Ikarus von genau diesem Felsplateau mit Flügeln aus Wachs und Federn zum ersten Flug der Geschichte gestartet sein. Der junge, enthusiastische Ikarus näherte sich allerdings zu sehr der Sonne. Das Wachs schmolz, und er stürzte ins Meer. Dädalus hingegen soll es bis nach Sizilien geschafft haben. Hier oben fliegt zumindest der Blick. Man sieht von oben auf den Ortskern, aber auch aufs Meer und den Kiesstrand, zu dem eine gepflasterte Promenade führt. Dort mündet übrigens der Fluss Platis ins Meer und sorgt auch im Hochsommer für erfrischend kühle Badeerlebnisse.

www.agia-galini.com

Sonne und Meer
AGIOS PAVLOS & TRIOPETRA

Strände satt – das Wasser leuchtet so verführerisch.

Die naturbelassenen Strände Agios Pavlos und Triopetra sind ideal für alle, die sich auf ausgiebige Bademomente freuen. In Agios Pavlos kommen seit Jahren zudem viele Yoga-Begeisterte auf ihre Kosten. Attraktive, fast nie überlaufene Strände versprechen in beiden Küstensiedlungen das ungestörte Eintauchen ins tiefblaue und kristallklare Meer. Ein paar kleine Hotels, Ferienhäuser und Apartments dienen als Refugien; wenige Cafés und Tavernen sorgen für das leibliche Wohl.

Den Namen »Drei Felsen« verdankt Triopetra übrigens den plattenförmigen, schräg geschichteten Sedimenten im Südosten der langen Bucht: Die drei Felsen, die sich dort gebildet haben, sind ein beliebtes Fotomotiv – und natürlich das Wahrzeichen von Triopetra. Unbedingt lohnen sich hier außerdem lange Strandspaziergänge. Über den groben Sand geht es auf rund vier Kilometer Länge, oft begleitet von einer erfrischenden Brise, gen Norden bis nach Ligres.

Eine Bucht zum Träumen

Sie bevorzugen kleinere Strände? Dann wiederum sind Sie in Agios Pavlos genau richtig. Die geschützte Bucht eignet sich gut zum Ausspannen. Das klare, seichte Wasser fasziniert mit einem grünlich schimmernden Ton, und der Sand leuchtet in der Sonne goldbraun. Neben dem Blick auf das leuchtende Wasser fasziniert in Agios Pavlos auch die kleine Landzunge mit dem Namen »Schlafender Drache«, die Sie über Stufen erklimmen können. Oben angekommen, staunen Sie über Gestein in Rot, Grau und Blau. Imposanter sind allerdings die riesigen Sanddünen auf der anderen Seite des Kaps. Feinster Sand geht dort zauberhaft ins tiefblaue Meer über …

GPS-Koordinaten Triopetra:
35°07'06.1"N 24°32'47.3"E
Agios Pavlos:
35°06'11.0"N 24°33'48.8"E

GLÜCKSVERSTÄRKER

Wenn Sie den Tag auf eine ganz besondere Weise romantisch ausklingen lassen wollen, dann trauen Sie sich bei Dunkelheit auf die Südküstenstraße Richtung Osten. Dort, fernab von Lichtverschmutzung, kann man den Sternenhimmel einfach überwältigend schön funkeln sehen. Selbst für nüchterne Zeitgenossen ist das ein Erlebnis.

In Spili

EINE PAUSE EINLEGEN

Eine erfrischende Rast am Löwenbrunnen

Sie machen gerade eine Entdeckungstour im Hinterland von Rethimno oder sind auf dem Weg zur Südküste? Dann planen Sie einen Halt in Spili ein. Das wasserreiche Bergdorf wird nämlich von der Hauptverbindungsstraße zwischen Nord- und Südküste durchquert und lockt mit dem markanten venezianischen Brunnen aus dem 16. Jahrhundert zur kurzen Rast. An den 25 Wasser speienden Löwenköpfen können Sie mitgebrachte Flaschen auffüllen. Das Treiben am Platz beobachten Sie am besten von den Cafés gegenüber, oder Sie schlendern ein wenig durch das Dorf. Vom Brunnen am Hauptplatz führen enge Gassen zum kleinen Folkloremuseum in einem hübsch restaurierten Dorfhaus. Genießen Sie dort eine wirklich interessante Führung durch den freundlichen Museumsführer Manolis. Mit seinen schönen Geschichten und viel Wissen führt er Sie durch die sehenswerte kleine Ausstellung, die mit handwerklichen und landwirtschaftlichen Geräten und Alltagsgegenständen aus einem traditionellen kretischen Haushalt wirklich begeistert. Schnell fühlt man sich in alte Zeiten versetzt …

Folkloremuseum Spili · Agiou Charalampous · Spili · tägl. 10–18 Uhr

Am Palmenstrand
SÜSS- UND MEERWASSER
Baden vor dem wilden Canyon von Preveli

Am berühmten Preveli-Strand mündet der Fluss Megalopotamos, der die Kourtaliotiko-Schlucht durchströmt, in einer fotogenen Rechtskurve ins Libysche Meer. Hier, an seinem Ende, fließt er durch den zweitgrößten Palmenhain Kretas, und das einzigartige Bild dieses Strandes beglückt Badenixen, Wasserratten und Naturliebhaber schon beim Anblick vom – gebührenpflichtigen – Parkplatz aus. Zumindest solange man nicht darüber nachdenkt, dass dem Abstieg zu Fuß natürlich auch ein halbstündiger Aufstieg folgt. Der tolle Blick auf den grauen Sand und auf die Palmen, die sich im Hintergrund in die Schlucht schieben, eröffnet sich beim Abstieg über den schattenlosen Pfad und die Stufen immer wieder. Unten angekommen, sollten Sie unbedingt das von Trampelpfaden durchzogene, urwaldartige Areal zwischen den roten Felswänden erkunden. Das naturgeschützte Biotop für Kretische Dattelpalmen garantiert tropisch anmutende Urlaubsfotos! Und für Abkühlung sorgen natürlich die ausgiebigen Bademomente im süßen Fluss- oder im salzigen Meerwasser.

GPS-Koordinaten:
35°09'07.1"N 24°28'22.3"E

Piso Preveli
KLOSTER MIT WEITBLICK

Der Konvent voller Geschichte thront über dem Meer.

Wussten Sie, dass der Name Preveli nicht nur für den berühmten Traumstrand (siehe S. 139) steht, sondern auch für ein Kloster, das von Kretas bewegter Geschichte erzählt und mit seiner Lage hoch über der Küste begeistert? Staunen können Sie schon während der Anfahrt durch die imposante Kourtaliotiko-Schlucht. Auch kleine Attraktionen am Wegesrand lohnen einen kurzen Halt. Werfen Sie zum Beispiel dort, wo die Straße hinter der Schlucht das Niveau des Flusses erreicht, einen Blick auf die Steinbrücke, die 1850 von den Osmanen erbaut wurde. Danach windet sich die Straße um das renovierte alte Klostergut Kato Preveli. Ein Stück weiter zeigt hoch über dem Meer ein Denkmal einen Mönch und einen Commonwealth-Soldaten mit ihren Gewehren und erzählt damit von Kloster Preveli im Zweiten Weltkrieg: Mutige Mönche versteckten dort damals australische und neuseeländische Soldaten sowie geflüchtete Kreter. Per U-Boot wurden sie in Sicherheit gebracht.

Still und erhaben

Das friedvolle Kloster, das wegen eines als wundersam geltenden Kreuzes von vielen Pilgern angesteuert wird, liegt am Ende der Straße. Es fasziniert in karger Felslandschaft mit dem Weitblick über das Libysche Meer und weckt mit Legenden rund um das kostbare Segenkreuz die Neugier. Einst hatten nämlich Osmanen und später die deutsche Wehrmacht vergeblich versucht, das goldene und mit Edelsteinen besetzte Kreuz aus der zweischiffigen, dem heiligen Ioannis geweihten Kirche zu stehlen. Die Transportmittel, die von den Dieben verwendet wurden, soll das Kreuz auf wundersame Weise außer Kraft gesetzt haben. Schiff und Flugzeug blieben an Land, und das Kreuz, dem heilende Kräfte bei Augenleiden zugeschrieben werden, wurde in den Konvent zurückgebracht.

Klostergut Kato Preveli: meist nur 9–17, Kloster Preveli: Mo–Sa 9–13.30 und 15.30–19, So 9–19 Uhr · www.preveli.org

Plakias
GEMÜTLICH AN DER SÜDKÜSTE

Für Aktive und Faulenzer ist es hier gleichermaßen herrlich.

Plakias, ein vorwiegend bei Individualurlaubern, Backpackern und Kretern beliebter Badeort am Libyschen Meer, verspricht behagliche Ferientage und ein großes Angebot an Aktivitäten für Groß und Klein, ist aber auch für Alleinreisende, Paare und Gruppen ein gut geeignetes Urlaubsziel. Das lebhafte Küstenörtchen, das sich erst vor einigen Jahren dem Pauschaltourismus geöffnet hat, zeigt sich dank der harmonisch in die Landschaft eingebetteten und vielen recht kleinen Hotels gemütlich, doch keinesfalls langweilig. Eine Unterkunft können Sie ganz nach Geschmack aus einer breiten Palette von alteingesessenen Pensionen im Ortskern und neueren Hotels am langen Strand wählen.

Aktiv, nicht hyperaktiv

Der anderthalb Kilometer lange, künstlich aufgeschüttete Sandstrand mit den Schatten spendenden Tamarisken ist von überall aus gut zu erreichen. Er fällt flach ab und macht daher auch Familien mit kleinen Kindern glücklicht. Gönnen Sie sich und Ihrer Seele ein Geschenk und genießen Sie einfach nur lange Strandspaziergänge. Der Blick aufs Meer ist unendlich weit, die kahlen Berge gegenüber zeigen faszinierende Farben. Auf ihre Kosten kommen in Plakias außerdem alle, die Aktivitätsdrang verspüren; geboten werden abwechslungsreiche Ausflüge und Wanderungen, aber auch Mountainbiketouren, Ausritte und Tauchgänge. Wer die Gegend entdecken möchte, kann ausgeschilderten Wanderwegen folgen und durch die Olivenhaine an den Hängen im Hinterland die Bergdörfer Sellia, Mirthios und Mariou erreichen. Dort erwartet Sie eine grandiose Aussicht über Plakias auf das Libysche Meer – übrigens auch herrlich von den hervorragenden Tavernen da oben zu genießen.

Argiroupoli

MONUMENTE IM DORFIDYLL

Architektonische Raritäten, Wasserfälle und Forellen

Das wasserreiche Argiroupoli ist bei Kretern besonders wegen der Tavernen im unteren Ortsteil beliebt. Ein Auflug in die weitläufige Bergsiedlung macht dank der Quellen, der Forellenzucht und der guten Grillgerichte im Schatten von Kastanien und Platanen glücklich. Aber nicht nur das. Das Dorf, auf den Ruinen der antiken Siedlung Lappa erbaut, reizt auch mit seinem attraktiven Ortskern. Und es birgt interessante Lädchen wie das »Lappa Avocado« im überwölbten Torgang, wo Sie Kosmetik auf Basis von Avocados kaufen können. Dahinter taucht man in den autofreien Gassen in längst versunkene Jahrhunderte ein und entdeckt viele architektonische Details.

Unerwartete Funde

Da steht beispielsweise eine venezianische Villa. Außerdem ein Tor mit der Inschrift »Omnia Mundi Fumus et Umbra« (»Alles in dieser Welt ist Rauch und Schatten«) und ein marmornes Wasserreservoir aus römischer Zeit. Wer hätte so etwas hier oben vermutet? Sogar noch älter ist die Stufe vor dem Hof der Kirche Agia Paraskevi, erbaut aus dem Deckel eines antiken Kinder-Sarkophags. Archäologisch am bedeutsamsten ist der in Teilen erhaltene Mosaikfußboden der kleinen römischen Therme. Dann wieder lockt der liebevoll mit Blumen bepflanzte Vorhof der Panagia-Kirche aus dem 13. Jahrhundert zur Rast.

Wenn Sie Geschichte und Natur gleichermaßen lieben, steuern Sie ein nahes Ziel an, das beides miteinander kombiniert: die Felskapelle Pende Parthenes, etwas außerhalb des Ortes. In der Felswand wurden römische Kammergräber freigelegt. Nur einige Schritte weiter unten steht ein etwa gleich altes Naturwunder: eine rund 2000 Jahre alte, zweigeteilte Platane. In ihrem Schatten zu picknicken bleibt sicher unvergessen.

Lappa Avocado: www.lappa-avocado.gr

GLÜCKSVERSTÄRKER

Sie schwärmen für die ganz besondere Atmosphäre uralter Gebäude? Dann sollten Sie in den stilvollen Arcus Suites übernachten! Die wunderschönen Herrenhäuser aus dem 14. Jahrhundert bieten modernen Komfort und gemütliche Eleganz in trutzigen Natursteinmauern. Und einen zauberhaften Garten mit kleinem Pool (www.arcus.com.gr).

Akr. Spanda
Agria Gramvousa
Akr. Vouxa
Lagune von Balos
Kolpos Kissamou
Kolpos Chanion
Stavros
Ag. Theodori
Restaurant Gramvousa
Kastelli Kissamou
Gramvousa
Platanias
Chania
Souda
Milia Mountain Retreat
Topolia
Botanischer Park
Neo Horio
Prases
Lakki
Floria
Therisso
Keramoti
Vathi
Omalos
Kandanos
Kloster Chrissoskalitissas
Samaria-Schlucht
Pahnes
2453
Elafonissi
Ag. Roumeli
Sougia
Paleochora
N
Loutro
0
10 km

Die Region Chania

Kretas abwechslungsreichste Region begeistert. Da lockt die gleichnamige Hauptstadt mit Lifestyle und tollen Essens-, Ausgeh- und Shoppingoptionen. Im Hintergrund bildet das majestätische Gebirgsmassiv der Weißen Berge eine perfekte Kulisse und beglückt Wanderer und Genießer mit Schluchten wie Imbros und Samaria. An der Küste finden wir Urlaubsorte für jeden Geschmack und einige der schönsten Strände der Insel: Elafonissi, Falassarna oder Balos. Erkunden Sie alte Klöster auf der Akrotiri-Halbinsel, besuchen Sie urige Bergdörfer wie Therisso oder malerische Küstenorte wie Loutro. Bei abwechslungsreichen Festivals mischen Sie sich unters Volk. Die Qual der Wahl haben Sie auch bei der Unterkunft: Es gibt die stilvollen Boutiquehotels von Chania, Luxusherbergen in Georgioupolis und Landhotels auf der Apokoronas-Halbinsel oder mitten in den Bergen in Milia.

Chania

UNVERGESSLICHE MOMENTE

(Spaziergang) in Kretas schönster Stadt

Ein überwältigendes Gassenlabyrinth, venezianische und osmanische Architektur, durchgestylte Gastronomie und wunderschöne Boutiquehotels schmiegen sich in Chania an das lang gestreckte und farbenfrohe alte Hafenbecken. Man könnte fast meinen, die Stadt sei als Kulisse für einen verträumten Historienfilm entworfen worden. Nirgendwo sonst auf Kreta werden denkmalgeschützte Häuser so gekonnt in Szene gesetzt wie hier, egal ob als Bar, Restaurant oder Unterkunft. Kein Wunder, dass die viel besuchte Stadt mit ihrem Charme einfach verzaubert.

GLÜCKSVERSTÄRKER

Wen lange Spaziergänge einfach glücklich machen, der sollte sich unbedingt den Leuchtturm zum Ziel setzen. Belohnt werden Sie mit einem postkartenreifen Bild: die den Hafen säumenden Häuser und die Weißen Berge, die sich im Hintergrund majestätisch erheben und oft bis in den Mai hinein schneebedeckt sind.

Chania ist ein tolles Mosaik der Epochen, dessen erste Steine bereits 2200 v. Chr. gesetzt wurden. Die wenigen Spuren der Minoer finden Sie auf dem Kastelli-Hügel gleich hinter der Promenade. Genuss verspricht dort oben jedoch vor allem der tolle Blick auf den Hafen, den die Stadt wie die Werfthallen, die Stadtmauer und tolle Stadtpaläste den Venezianern verdankt. Später sorgten die Osmanen für einen Hauch von Orient. Sie setzten den Wohnhäusern Holzerker auf, bauten Minarette und Moscheen. Auch das Wahrzeichen der Stadt, der markante Leuchtturm, stammt aus dieser Epoche. Von der Zeit des autonomen Kreta (1898–1913), als Chania Inselhauptstadt war, zeugen die Markthalle am Rande der Altstadt, der Stadtpark in der Neustadt und das »Nobelviertel« Chalepa.

Sich einfach treiben lassen

Um die Altstadt kennenzulernen, mischen Sie sich einfach unter die Flanierenden und verlieren Sie sich im Gassengewirr. Die bunten Häuser sorgen für eine zauberhafte Kulisse und tolle Fotomotive. Zur Rast laden

die Bänke an der langen Promenade ein: Der Blick schweift übers Meer, über das Geschehen und bleibt am Leuchtturm am Ende der Mole hängen. Wie ein Magnet zieht er alle Blicke auf sich. Auffälligstes Gebäude am Hafen ist die Janitscharen-Moschee, der älteste osmanische Bau der Stadt. Die romantischen Pferdekutschen davor runden das wunderschöne Bild ab. Sightseeingfans, die sich nicht mit dem Schlendern durch die Gassen zufrieden geben, sollten die Museen besuchen, beispielsweise das Nautische Museum an der Hafeneinfahrt. Sie sind begeistert? Dann werfen Sie unbedingt auch einen Blick in die Dauerausstellung antiker und traditioneller Schifffahrtsarchäologie. Auch das Folklore- und das Archäologische Museum locken sowie die Byzantinische Sammlung. Unzählige Geschäfte lassen drum herum Shoppingherzen höherschlagen. Steuern Sie neben der Haupteinkaufsstraße Chalidon in jedem Fall auch die Lederwarengasse Skridlof und die über 100 Jahre alte Markthalle an.

Webseite der Stadt:
www.chaniatourism.com

Pallas

DER COOLE SZENETREFF

Gute Drinks und Leuchtturm-Blick

Die schicke Restaurant-Bar Pallas an der Promenade des venezianischen Hafens ist seit Jahren eine beliebte Adresse für heiße Sommernächte und der »place to be« der Städter. Kein Wunder, dass man hier im Hochsommer – vor allem am Abend – manchmal auf einen freien Tisch warten muss. Der herrliche Blick auf den Leuchtturm macht übrigens schon morgens zum genüsslichen Frühstücken oder Kaffeetrinken glücklich. Später kann man von hier aus das Gewusel an der Promenade beobachten. Zum Sundowner, wenn die Sonne am Horizont hinter dem Leuchtturm ins Meer eintaucht, ist die Location einfach perfekt.

Neben den herrlichen Ausblicken können Sie sich auf exzellente Drinks und Cocktails, modern interpretierte mediterrane Gerichte und ausgewählte Weine freuen. Im Hintergrund erklingt House-, Soul- und Lounge-Musik. Wenn Sie das gesellige Treiben lieber mit etwas Abstand betrachten, können Sie sich in der ersten Etage des Gebäudes aus dem 19. Jahrhundert ein Plätzchen suchen. Platz für zwei bieten dort auch drei winzige Balkone. Und dann noch dieser Rundumblick von der Dachterrasse …

Pallas · Akti Tompazi 15 · Chania · Tel. +30 28 21 04 56 88 · www.pallaschania.gr

Thalasino Ageri

NICHT NUR FÜR ROMANTIKER

Vor filmreifer Kulisse schmeckt Fisch besonders gut.

Dass im schönen Chania auch außerhalb der quirligen Altstadt und abseits der Massen einige wundervolle Plätze glücklich machen, beweist der Vorort Tabakaria, der im 19. Jahrhundert Industriegebiet war. Seit den 1970er-Jahren stehen die vielen Fabrikgebäude leer und bilden eine attraktive Szenerie gleich am Wasser. Inzwischen versuchen die Stadtväter, die teils denkmalgeschützten Bauten wieder mit Leben zu füllen. Unbedingt einen Besuch wert ist dort schon seit Jahren das Thalasino Ageri, eine Taverne, die bei Einheimischen und Urlaubern gleichermaßen beliebt ist. Denn neben frischem Fisch, den man sich selbst aussuchen darf, gibt es einfache, aber köstliche *mezédes* und Meeresfrüchte. Typisch griechische Holzstühle und Tische, an denen sich fast die Wellen brechen, sorgen für pures Griechenlandflair. Dazu kommen noch die herumstreunenden Katzen und das eine oder andere vor Anker liegende Fischerboot. Sind Sie romantisch veranlagt? Dann reservieren Sie zum Sonnenuntergang.

Thalasino Ageri · Vivilaki 35 · Chania · Tel. +30 28 21 05 11 36 · www.thalasino-ageri.gr

Venizelos-Gräber

GRANDIOSER AUSBLICK

Für Chanias Bewohner ist das immer ein Lieblingsplatz.

Wer gern die Weite großartiger Aussichten genießt, sollte zu den über der Stadt gelegenen Venizelos-Gräbern gehen. Nirgendwo sonst kann man nämlich besser über Chania hinwegsehen als vom Hügel östlich der Innenstadt, am Ansatz der Akrotiri-Halbinsel. Dass dieser Hügel bereits vor über 100 Jahren eine besondere Rolle für die Kreter spielte, erzählt die Geschichte: Im Jahr 1905 wollte der kretische Staatsmann Eleftherios Venizelos die angestrebte Einheit mit Griechenland demonstrieren und hisste dort die griechische Fahne. Später wurden Venizelos und sein Sohn Sofoklis, der auch Ministerpräsident Griechenlands war, in der parkähnlichen Anlage begraben. Vom frei zugänglichen Gelände eröffnet sich ein herrlicher Blick über die Stadt und das Meer ins Landesinnere bis hin zu den Weißen Bergen.

Wenn Sie dieses tolle Panorama noch länger genießen und dabei gern in einem Café sitzen möchten, suchen Sie sich auf einer der viel besuchten Terrassen des benachbarten Café Koukouvaya ein Plätzchen. Keine andere Location der Stadt ist zur Zeit des Sonnenuntergangs bei den Chanioten beliebter als dieses passend nach der Eule (*koukouváya*) benannte Café. Die einzigartige Aussicht, einen Kaffee oder einen Cocktail sowie leckere Snacks genießen die Kreter dort natürlich auch gern zu jeder anderen Tageszeit.

Koukouvaya · Alexi Minoti 2 · Chania · Tel. +30 28 21 02 74 49 · www.koukouvaya.gr · tägl. ab 10 Uhr

GLÜCKSVERSTÄRKER

Naschkatzen und Leckermäuler sollten im Koukouvay unbedingt den einzigartigen Schokokuchen Zoumero bestellen, der schon lange beliebteste Spezialität des Cafés ist. Der saftige Kuchen, den es auch gut verpackt zum Mitnehmen gibt, sorgt für mindestens ebenso viele Glücksseufzer wie die grandiose Aussicht.

Strandvielfalt AUF DER AKROTIRI-HALBINSEL

Stavros, Marathi und der »Hafen des Teufels«

Auf den ersten Blick wirkt die karge Halbinsel mit dem Flughafen von Chania, dem Hafen von Souda, der Raketenabschussbasis der NATO und den Stützpunkten von Marine und Luftwaffe eher unttraktiv. Doch Akrotiri birgt vielerlei Schätze: tolle Strände und hervorragende Fischtavernen, aber auch uralte Klöster mit optionaler Weinprobe und Wanderung (siehe S. 156). Wer will, kann auf der sich nordöstlich von Chania ins Meer schiebenden Halbinsel auch übernachten, zum Beispiel im Küstenort Stavros, der mit altem Hollywood-Glamour aufwartet: Am flach ins Meer abfallenden Hauptstrand des Orts, an den sich ein kahler Bergrücken schmiegt, wurden die Schlussszenen des Filmklassikers *Alexis Sorbas* gedreht.

Fisch mit Aussicht

Zwei weitere bei den Kretern äußerst beliebte und meist windstille Sandstrände finden Sie im winzigen Küstenweiler Marathi im Südosten der Halbinsel. Dort sollten Sie unbedingt eine der Fischtavernen besuchen. Sie beglücken nicht nur mit köstlichem Fisch und exzellenten Meeresfrüchten, sondern auch mit dem einzigartigen Blick über den Strand auf die Weißen Berge. Sie bekommen von Sonne und Meer einfach nicht genug? Dann folgen Sie den vielen jungen Kretern und Urlaubern und wagen Sie den Weg zum Strand Seitan Limania – entweder per Bootstaxi von Marathi aus oder über die steile Straße per Auto oder Bus und dann über Geröll steil hinab zu Fuß. Der »Hafen des Teufels« war bis vor wenigen Jahren ein gut gehütetes Geheimnis der Kreter. Heute ist der Sand-Kiesel-Strand, der so fotogen in einer tief eingeschnittenen und geschwungenen Bucht zwischen hohen Klippen liegt, sogar Ziel von Bussen aus Chania, in den sozialen Medien ein Renner – und leider vor allem an den Sommerwochenenden total überfüllt.

Klöster und Natur
AUF DER HALBINSEL AKROTIRI

Erstaunliche Entdeckungen im Nirgendwo

Die Klöster und Höhlen der Halbinsel gewährten gläubigen Kretern dank der abgeschiedenen Lage viele Jahrhunderte lang Zuflucht. Heute machen sich außer den Pilgern auch viele Touristen auf den Weg dorthin, denn das stimmungsvolle Zusammenspiel von historischer Bausubstanz und herrlicher Landschaft ist tief beeindruckend.

Erstes Ziel ist das im Jahr 1611 gegründete Kloster Agia Triada. Seine Renaissancefassade, das reich verzierte Eingangsportal und der Glockenturm von 1864 begeistern schon von Weitem. Der romantische, ruhige Hof lädt zu einer Pause ein, und das Museum zeigt einige Klosterschätze. Weinliebhaber sollten unbedingt die edlen Tropfen des Konvents verkosten. Und das hier produzierte Olivenöl gehört zu den besten der Insel.

Ruhig und abgeschieden

Vier Kilometer nördlich trotzt mitten im Nirgendwo das Kloster Gouverneto aus dem 16. Jahrhundert der Zeit. Mönche genießen ihre Einsamkeit – und halten sich rigoros an die Öffnungszeiten. Hinter den Klostermauern macht die Kirchenfassade mit ihren menschenähnlichen Köpfen neugierig. Ähneln sie eher dem Hirtengott Pan oder Piraten? Oder sind es doch die Köpfe von Dämonen?

Wenn Sie noch Lust auf eine etwa 1,5-stündige Wanderung haben, sollten Sie über einen Pfad und Stufen die »Bärenhöhle« ansteuern. Ihren Namen verdankt sie einem 2,5 Meter hohen Stalagmiten in Form eines Bären. Von dort geht es weiter hinab zur »Schlucht der Heiligen«. Immer wieder begeistert dabei der Blick aufs Meer. Das verlassene Kloster Katholiko aus dem 10. Jahrhundert wurde in den Felsen gebaut, genauso seine Kirche mit dem auffälligen Renaissanceportal. Das grandiose Ensemble beeindruckt, wie auch die große Steinbrücke gleich gegenüber. Baden ist hier unten übrigens verboten.

Agia Triada: tägl. tagsüber geöffnet
Gouverneto: Mo, Di, Do 9–12 und 17–20, Sa, So 9–11 und 17–20 Uhr

Die Apokoronas-Halbinsel

AKTIV IM GRÜNEN

Abseits der Massen bietet Ökotourismus viel Beschaulichkeit.

An der quirligen Nordküste ist die grüne Apokoronas-Halbinsel ein richtiger Ruhepol. Hier kommen Naturliebhaber und Freunde idyllischer Landschaften sicherlich auf ihre Kosten, denn zwischen Oliven- und Orangenhainen, Zypressen und Weingärten verteilen sich historische Bauwerke ebenso locker wie urige Dörfer. Wunderschön ist zum Beispiel Gavalochori mit Natursteinhäusern, einem Folkloremuseum und uralten Brunnen. Hierhin verirren sich wenige, vom Tourismus werden nur die Küstenorte Kalives und Almirida im Südwesten beeinflusst.

Auf der Suche nach dem Urlaubsglück auf dem Land werden Sie im Herzen von Apokoronas fündig: Dort hat sich Vamos zum Ziel für Ökotourismus entwickelt. In hübsch restaurierten Dorfhäusern und in der über 150 Jahre alten Mädchenschule, die zum Hotel umgewandelt wurde, sollten sich alle einquartieren, die das authentische Kreta suchen. Aktive können sich auf ökotouristische Aktivitäten wie die Traubenlese, Wanderungen, aber auch auf Kochkurse freuen. Entdecker sollten die Umgebung von Vamos erwandern und Felder, Zypressen-, Pinien- und Olivenhaine durchstreifen. Ein üppig grüner Pfad führt etwa zur Felskapelle Agios Ioannis mit einem bizarr geformten Olivenbaum. Auch das liebevoll restaurierte Kloster Agios Georgios aus dem 16. Jahrhundert lohnt sich, zumal die zwölf Mauerbögen der alten Olivenpresse dort eine tolle Fotokulisse bilden.

www.vamosvillage.gr

GLÜCKSVERSTÄRKER

Sie lieben gutes Kunsthandwerk und suchen noch ein Souvenir? Dann fahren Sie nach Kokkino Chorio und blicken Sie an Wochentagen dem Glaskünstler Andreas Tzombanakis über die Schulter. Meisterlich gestaltet er aus Altglas zahlreiche neue Objekte und leistet so einen wichtigen und zugleich farbenfrohen und dekorativen Beitrag zum Umweltschutz (www.blownglass.gr).

Georgioupolis

AM ENDLOS LANGEN STRAND

Ein guter Standpunkt für Erkundungen

Dass Georgioupolis bei allen Reiseveranstaltern auf dem Programm steht, wundert nicht: Der Ferienort erwartet uns mit einem zehn Kilometer langen und breiten Sandstrand, Unterkünften für jeden Geschmack, einer lebhaften Atmosphäre, großem Freizeitangebot und vielen Exkursionen. Außer Mountainbiketouren sorgen Ausritte und Ausflüge mit dem Auto oder Roller für einen glücklichen Urlaubstag, sie führen ins nahe Hinterland, in die wilde Welt der Weißen Berge (Lefka Ori) oder ins Nachbardorf Vrisses, wo sich ein Stopp in einem *kafenío* lohnt.

Vom Sumpf zum Ferienparadies

Georgioupolis selbst ist erst Ende des 19. Jahrhunderts entstanden. Vorher wurde die Gegend von einer menschenleeren Moorlandschaft geprägt. Ein Athener Kaufmann erwarb dort damals ein günstiges Grundstück, legte das Sumpfgebiet trocken und baute das erste Haus. Die vielen Eukalyptusbäume zeugen bis heute davon, dass die Region damals von Moskitos verseucht war.

Außergewöhnlich sind bis heute die beiden hier ins Meer mündenden Flüsse, die von Fröschen, Schildkröten und Aalen bewohnt werden. Wahrzeichen des Orts ist die den Wellen trotzende, schlichte weiße Kapelle Agios Nikolaos, ein beliebtes Ziel für Spaziergänge und nachts hübsch beleuchtet.

Sie möchten auch mal in Süßwasser baden? Dann steuern Sie den vier Kilometer landeinwärts gelegenen See Kournas an. Zu Füßen der Weißen Berge treffen Sie dort auf ein tiefgrünes Naturschutzgebiet mit über 200 Vogel- und Hunderten Pflanzenarten wie Kermeseichen, Oleander, Brombeersträuchern, Feigen, Mönchspfeffer und kretischen Alpenveilchen. Beobachten Sie Fische und Schildkröten, gehen Sie schwimmen oder mieten Sie ein Tretboot.

GPS-Koordinaten:
35°21'46.9"N 24°15'43.3"E

Luxus pur
IM ANEMOS RESORT

Alles, was das Herz begehrt – für die ganze Familie

Zu Ihrem Urlaubsglück gehört eine gute Prise Luxus? Dann sind Sie im Anemos Luxury Grand Resort genau richtig. Die erstklassige 5-Sterne-Anlage liegt in Strandnähe am Rand von Georgioupolis und somit ideal, um Kretas Westen zu erkunden. Das weitläufige Resort lässt aber auch all jenen genug Raum, die gern viel Zeit im Hotel und am Strand verbringen. Oder die sich einfach mal verwöhnen lassen möchten, beispielsweise im Spa oder an mehreren Pools. Den Strand erreichen Sie in nur fünf Minuten zu Fuß, wem das jedoch zu viel ist, der kann sich auch per Golf-Car ans Meer bringen lassen.

Dinner for two

Eröffnet hat die Anlage im Jahr 2016, seitdem wohnen Gäste hier in hellen, stilvoll eingerichteten Zimmern, Suiten und Bungalows, die es auch mit privatem Pool gibt. Mehrere Restaurants bieten wirklich ausgezeichnete regionale und internationale Gerichte, Gaumengenuss ist also garantiert, ebenso die typisch griechische Gastfreundschaft und exzellenter Service. Und vor oder nach dem Essen laden Bars mit netter Atmosphäre zu Drinks.

Suchen Sie noch ein anderes, außergewöhnliches kulinarisches Erlebnis? Dann macht Romantiker sicherlich ein privates Dinner am Strand glücklich. Familien und Freunde können hingegen einen Grillabend im privaten Kreis buchen, ganz gleich, ob Sie als Location den Strand oder Ihren eigenen Pool bevorzugen.

Übrigens: Dank der Familienzimmer mit Platz für bis zu sechs Personen ist das Resort auch für Großfamilien ideal. Während Sie sich erholen, können sich die Kids im Mini-Club und im 1000 Quadratmeter großen Kinderbereich mit Wasserrutschen, Spielen und Kino austoben.

Anemos Luxury Grand Resort · Georgioupolis · Tel. +30 28 25 06 25 50 · www.anemosresort.com

OREGANO

1 **Ippokambos** Auch bei den anspruchsvollen Städtern sehr beliebte Fischtaverne an der Promenade von Iraklio. Serviert wird eine große Auswahl an Meeresfrüchten und Fisch bei gutem Preis-Leistungs-Verhältnis.
Sof. Venizelou 3, Iraklio

2 **Akrogiali** Einfache und familiär geführte Fischtaverne etwas abseits der Trubels von Limenas Chersonissou. Kreter essen hier gern die schlicht zubereiteten, aber leckeren *mezédes*, Meeresfrüchte und Fisch.
www.akrogiali.eu

3 **To Bogazi** Seit gut 20 Jahren sorgen Manolis und seine Schweizer Frau Gaby in ihrer Taverne für authentische Atmosphäre, köstliche Leckereien aus dem Meer und hervorragende regionale Gerichte.
Mochlos, Tel. +30 28 43 09 42 00

4 **Hiona** Nicht ohne Grund eine der bekanntesten Fischtavernen im Osten Kretas mit idyllisch auf einem kleinen Felsvorsprung stehenden Tischen und vielen Köstlichkeiten.
Chiona-Beach, Tel. +30 28 43 06 10 14

5 **Gioma** Leckere Fisch- und Meeresfrüchtevariationen werden in Plakias an Tischen serviert, an denen sich fast die Wellen brechen. Schön auch zum Sonnenuntergang.
Plakias, Tel. +30 28 32 03 20 41

6 **Schedia** Köstliche *mezédes* und herrlich einfach zubereiteter Fisch in einer familiär geführten Taverne mit absolutem Sommerflair und Blick über das Meer auf Ierapetra.
Epar. Odos Ierapetras – Sitias 34, Tel. +30 28 42 40 02 57

7 **Knossos** Von einem Geschwisterpaar mit viel Herz geführte Taverne am venezianischen Hafen von Rethimno. Hier kocht die Mutter allerhand aus dem Meer noch selbst.
Rethimno, Venezianischer Hafen, Tel. +30 28 31 02 55 82

8 **Patrelantonis** Guter Service und köstliche, kreativ abgewandelte Fisch- und Meeresfrüchtegerichte am Strand von Marathi, mit Blick auf die Weißen Berge.
Marathi, Tel. +30 28 21 06 33 37

9 **Chalkina** Am venezianischen Hafen laden die vielen Tische der beliebten Taverne zu köstlichen *mezédes* und leckerem Hauswein ein – manchmal auch bei viel Stimmung durch kretische Livemusik.
Chania, www.chalkina.com

10 **Vrachos sto kima (Waves on the rock)** Auch bei Kretern sehr beliebte, authentische Taverne mit exzellenten Fischgerichten, einsam am westlichen Küstenabschnitt der Rodopou-Halbinsel gelegen.
www.wavesontherock.eu

Therisso
GESCHICHTE & NATUR

Dazu gibt es viele Köstlichkeiten vom Grill.

Auch wenn sich Kreter in Therisso vor allem an Winterwochenenden treffen, so genießen sie doch auch im Sommer hier einiges – besonders das exzellente Essen in den rustikalen Tavernen. Die familiären Lokale erwarten Sie mit besonders viel Leckerem für Fleischliebhaber, wie in allen Bergdörfern Kretas sind auch hier die Lammgerichte absoluter Favorit. Therisso beglückt aber auch mit Ruhe und reizvoller Natur, das beweist die wildromantische Therissiano-Schlucht nördlich des Dorfs. Doch die Idylle trügt. Zwischen den so üppig wachsenden Platanen, Oliven, Kastanien und Maulbeerbäumen fanden einst erbitterte Kämpfe statt: 1821 lieferten sich 5000 Osmanen und 300 Kreter dort eine der größten Schlachten des kretischen Freiheitskampfes. Fast 80 Jahre später, als sich Eleftherios Venizelos in Therisso niederließ, erlangte das Dorf nationale Berühmtheit. In seinem einstigen Hauptquartier, in dem Dokumente, Zeitungsartikel und Fotos an diese Zeit erinnern, verfasste er die Revolutionserklärung gegen die Fremdbestimmung. Acht Jahre später konnte sich Kreta endlich Griechenland anschließen.

Schönste Natur

NICHT NUR FÜR BLUMENFANS

Es grünt und blüht in Kretas Botanischem Park.

An den Hängen der Weißen Berge kommen im Botanischen Park Naturfreunde auf ihre Kosten, aber auch Ruhesuchende, Familien und Genießer. Denn das etwa 20 Hektar große und einst mit Olivenbäumen bewachsene Areal, das nach einem Brand im Jahr 2004 zum Naturidyll umgewandelt wurde, ist seit 2009 das Zuhause Hunderter Pflanzen und lädt zu ausgiebigen Spaziergängen ein. Nirgendwo sonst können Sie besser beobachten, dass im Westen Kretas außergewöhnliche klimatische Verhältnisse herrschen: Pflanzen aus kalten und warmen Regionen gedeihen hier gleichermaßen. Der Weg führt in zwei Stunden an Obstbäumen, zahlreichen Kräutern, Heil- und Zierpflanzen vorbei. Gerüche erfüllen die Luft. Am kleinen See beobachten Sie Enten, Gänse und Schildkröten. Pfauen stolzieren umher, auch der Esel des Hauses und die kretischen Wildziegen fühlen sich sehr wohl. Zur heißen Mittagszeit tut eine Pause im angeschlossenen Restaurant gut, es gibt Köstliches aus eigenem Anbau oder einfach frisch gepressten Saft. Wunderbar ist auch die Aussicht von der Terrasse auf die Anlage und die sie umschließenden Gipfel.

Botanical Park & Gardens of Crete · 2 km südlich von Fournes · Mai–Okt. tägl. 9–20 Uhr · www.botanical-park.com

Frangokastello

RAUM ZUM ENTSCHLEUNIGEN

Ruhe, Strände und Geister vor einer alten Burg

Das eindrucksvolle Frankenkastell, dem der beschauliche Urlaubsort seinen Namen verdankt, scheint gleich am Meer die Küste zu bewachen. Frangokastello fasziniert aber auch mit vielen Stränden vor der majestätischen Kulisse der Weißen Berge. Erholsamer Badeurlaub abseits der Massen ist in der Streusiedlung mit den familiären Tavernen und kleinen Hotels garantiert. Unbedingt sollten Sie den Strand Orthi Ammos besuchen, wo bis zu 20 Meter hohe Sanddünen eine einzigartige Umgebung bilden. Hier finden vor allem die Schwimmer, die schnell tief werdendes, kühles Wasser lieben, ihr perfektes Badeglück.

Schauplatz von Freiheitskämpfen

Was Frangokastello sonst noch zu bieten hat, sehen Sie im venezianischen Kastell mit den markanten Zinnen, wo im Sommer Konzerte und Theateraufführungen stattfinden. Obwohl es schon 1370 erbaut wurde, gewann es erst 1828 an Bedeutung, als 700 Soldaten vom griechischen Festland kamen, um die Kreter im Freiheitskampf gegen die Osmanen zu unterstützen. Gegenüber 8000 türkischen Soldaten hatten sie jedoch keine Chance. So fielen 400 Griechen bereits in den ersten Tagen, der Rest verschanzte sich im Kastell und durfte nach Verhandlungen abziehen. Die Seelen der Gefallenen, die sogenannten *drosoulítes* (Tauschatten), spuken laut Legende seitdem von Mitte Mai bis Anfang Juni bei Sonnenaufgang mit ihren Gewehren und Pferden um das Kastell und verschwinden dann im Meer. Im Jahr 1890 sollen die Geister die Türken in die Flucht geschlagen haben. Im Zweiten Weltkrieg eröffneten die Deutschen ein zielloses Feuer gegen sie. Wissenschaftlich konnte der Spuk bisher nicht belegt werden, vermutlich entsteht er durch Brechung der Sonnenstrahlen.

Kastell tägl. tagsüber geöffnet

Tolle Felsen IN DER IMBROS-SCHLUCHT

Die gemütliche Wanderung eignet sich für Groß und Klein.

Die relativ kurze Schlucht zaubert nicht nur ausdauernden Wanderern ein glückliches Lächeln ins Gesicht, sondern auch ungeübten Entdeckern und kleinen Abenteurern. Passieren können Sie die familienfreundliche Klamm zwischen Imbros und Komitades, die nur bei schlechtem Wetter geschlossen ist, in nur zweieinhalb Stunden. Der acht Kilometer lange, mit Zypressen, Eichen, Platanen, Mandel- und Feigenbäumen bewachsene Weg führt zwischen bis zu 300 Meter hohen Felswänden an einem Kiesbachbett entlang. Überwunden werden dabei etwa 650 Höhenmeter. Die Schlucht ist zunächst üppig bewachsen und wird im weiteren Verlauf karger. Grandios sind die vielfarbigen Felsformationen, und absolutes Highlight – und ein äußerst beliebtes Motiv für Fotografen und Maler – ist ihre engste Stelle: Wie ein Felsentor ragen hier die Felswände keine zwei Meter voneinander entfernt steil in die Höhe. Dahinter geht es sonnenreich an Zypressen, Salbei, Thymian und Oleanderbüschen vorbei zum Ausgang. Und richtig wohltuend ist am Ende von all der Enge die weite Aussicht auf das Libysche Meer. Einstieg im Dorf Imbros.

Loutro
WUNDERSCHÖNER KÜSTENORT

Weitab von allem die Ruhe genießen

Sind Sie auf der Suche nach einem Fleckchen Erde, das Sie ohne viel Schnickschnack glücklich macht und das süße Nichtstun genießen lässt? Wollten Sie schon immer mal ein paar Tage ohne Verkehrslärm und in Postkartenidylle verbringen? Dann machen Sie sich auf den Weg zum hübschen und autofreien Küstenörtchen Loutro, das dank seiner abgeschiedenen Lage ideal zum Entschleunigen ist. Der winzige Ort ist nur über den Wasserweg erreichbar und wird als einziger an diesem Küstenabschnitt nur im Sommerhalbjahr bewohnt. An den Sommerwochenenden und in der Hochsaison füllt sich die kleine Bucht allerdings mit Fischer- und Motorbooten. Die Zimmer sind von Mitte Juli bis Mitte August meist weit im Voraus ausgebucht, und die engen Gassen und blendend weißen Häuser erwachen dann zum Leben. Die Inhaber der Unterkünfte sind sich jedoch einig, dass es in Loutro ruhig zugehen soll, Nachteulen sind hier also fehl am Platz. Unternehmen können Sie tagsüber etwas. Wie wäre es mit einem Ausflug zu den umliegenden Buchten per Kanu oder mit einer Wanderung?

Fähre: www.anendyk.gr

Wandernd ans Meer

GLÜCK FÜR SPORTLICHE

Durch die Samaria-Schlucht, eine der längsten Europas

Eine alpin anmutende Naturkulisse, die enorme Artenvielfalt, sprudelnde Quellen und bis zu 600 Meter hohe Felswände machen aus der Samaria-Schlucht eine der schönsten Wanderstrecken Griechenlands. Kein Wunder, dass von Mai bis Oktober täglich Hunderte Menschen durch das Zentralmassiv der Weißen Berge hinab ans Libysche Meer wandern. Die gut erschlossene Strecke ist etwa 16 Kilometer lang und darf nicht unterschätzt werden: Wanderer und Naturfreunde überwinden hier nämlich in fünf bis sieben Stunden auf Geröll, Stegen und Brücken etwa 1250 Meter Höhenunterschied.

Felsen in vielen Farben

Unser Wanderabenteuer beginnt auf der stillen Omalos-Hochebene, die vor allem im Frühjahr beglückt, wenn die Gipfel der Weißen Berge noch mit Schnee bedeckt sind. Über Balken geht es zunächst an Zypressen, Pinien und Kiefern vorbei steil bergab zum Bachlauf, wo uns bis zum verlassenen Dorf Samaria tolle Felsformationen erwarten. Heute ist das alte Dorf Residenz der Parkwächter mit Erste-Hilfe-Station und sanitären Einrichtungen. Mit etwas Glück sehen wir im Schatten der Platanen und Oliven hoch über uns an den Felswänden die kretischen Wildziegen *kri-kri*.

Dahinter wird die atemberaubende Schlucht immer enger. Die Felswände glitzern einzigartig in der Sonne, je nach Lichteinfall in einem anderen Farbton. Höhepunkt ist die »Eiserne Pforte«, wo der Weg nur drei bis vier Meter breit ist. Die hohen Felsen scheinen sich an ihrem oberen Ende zu berühren. Dahinter weitet sich der Weg wieder. Am Ende wartet ein Minibus, um erschöpfte Wanderer zum Hafen des Küstenorts Agia Roumeli zu bringen, es sei denn, man bewältigt die letzten drei Kilometer bis ins Dorf zu Fuß.

www.samaria.gr

Paleochora

STRANDURLAUB IM SÜDWESTEN

Der abgelegene, doch lebhafte Ort bietet tolle Festivals.

Der größte und meistbesuchte Urlaubsort der Südwestküste ist seit Jahren populäres Ziel vieler Individualtouristen. Auch ist er bei jungen Kretern und kretischen Familien sehr beliebt. Kein Wunder, in Paleochora fühlen Sie sich schnell wie zu Hause, genießen die Abgeschiedenheit, sind aber auch immer unter Menschen, wenn es Sie denn glücklich macht! Der ganzjährig von rund 1900 Menschen bewohnte Küstenort entzückt einfach mit entspanntem Flair.

Paleochora liegt gesäumt von zwei Stränden auf einer schmalen Halbinsel. Während sich im Westen der flach abfallende, breite Sandstrand Pachia Ammos erstreckt, kommen Freunde von Kieselsteinen am Strand Votsala im Osten voll auf ihre Kosten. Viele weitere Strände und kleine Buchten, die zum Sprung ins klare Wasser einladen, finden Sie in der Umgebung. Am Abend tauschen Sie sich dann in Cafés und Tavernen an der Hauptstraße und an den Promenaden aus. Romantiker genießen vom gut 700 Jahre alten Kastell Selino bei Sonnenuntergang den Blick aufs Libysche Meer. Wohnen können Sie in kleinen, familiären Hotels und einfachen Apartments.

Dass die Einwohner ihren Gästen etwas bieten möchten, zeigt sich nicht nur an der bezaubernden Atmosphäre, sondern auch am abwechslungsreichen Kulturprogramm im Sommerhalbjahr: Besuchen Sie das Kurzfilmfestival Anfang Juni oder das Griechisch-Deutsche Lesefestival ein paar Tage später. Musikliebhaber sollten Paleochora Ende August ansteuern, denn während des Festivals »Wenn Kreta tanzt« ist der Name Programm. Vier Tage lang füllen Musiker und Tanzgruppen der Insel die Straßen. Mittanzen ist natürlich erwünscht! Und gute Stimmung ist garantiert.

www.lostworldfilmfestival.com, www.facebook.com/GriechischDeutschesLesefestival

Musiker, Tänzer
UND VIEL GUTE STIMMUNG

Musik ist ein wichtiger Teil des kretischen Lebens.

Wer sich nicht davor scheut, exotischen Klängen zu lauschen, sollte unbedingt ein Event besuchen, bei dem die kretische Musik im Mittelpunkt steht. Tempo, Rhythmus und Text machen sie nämlich zur dynamischsten und ausdrucksvollsten Musikrichtung des Landes. Auch ist Musik die liebste Art der Kreter, ihre Emotionen zu zeigen. Die für westliche Ohren befremdlichen, aber auch irgendwie interessanten Klänge werden bei Festen und in Tavernen ebenso gespielt wie in einigen modernen Bars. Wichtig sind sie auch bei Treffen mit der *paréa* (siehe S. 132). Und obwohl vor allem junge Leute auch gern Moderneres hören, ist vielen das traditionelle Liedgut noch immer am liebsten.

Ein Blick zurück

Musik spielt auf Kreta seit Jahrtausenden eine wichtige Rolle. Schon die Kureten sollen mit Waffen und Schildern in der Dikti-Höhle laute Geräusche gemacht haben, um das Weinen des neugeborenen Zeus zu übertönen. Bei den Minoern hingen Musik und Tanz mit kultischen Riten zusammen. Und auch später war Musik immer präsent und wurde von verschiedenen Kulturen beeinflusst. Vor allem byzantinische und orientalische Elemente sind bis heute erkennbar. Als Mitte des 20. Jahrhunderts überall Musik nach westlichen Vorbildern bevorzugt wurde, schafften es die Kreter, ihr musikalisches Erbe zu erhalten.

Instrumente und Tänze

Wichtigstes Instrument ist die Lyra, ein birnenförmiges Streichinstrument mit drei Saiten. Anders als die Geige, die im äußersten Osten und Westen der Insel zum Einsatz kommt, wird die Lyra aufs Knie gestützt. Fast immer wird sie von der achtsaitigen Laute, oft auch von der Mandoline begleitet. Manchmal gehören auch der Dudelsack, *askomandoúra,* und die Trommel, *daoúli,* dazu. Während die häufig in Schwarz gekleideten Ensembles nur aus Männern bestehen, kommen beim Tanz auch immer Frauen hinzu. Die komplizierten Sprünge der Männer und Jungen verblüffen ebenso wie die kurzen Soloauftritte der Frauen und Mädchen. Meist wird im

Kreis getanzt, am bekanntesten und schnellsten sind der *pentozális* und der *maleviziótis.* Langsam ist dagegen der *sirtós,* der ein wenig an den uns bekannten *sirtáki* erinnert.

Tiefgründige Texte

Auch wenn Sie die Liedtexte nicht verstehen, können Sie fast immer spüren, dass es um Wichtiges wie das Leben, die Liebe und das Leiden geht. Häufige Versform sind *mantinádes,* 15-silbige jambische Reimpaare, die ihren Ursprung im *Erotókritos* haben. Das berühmteste Werk kretischer Renaissanceliteratur stammt aus dem 17. Jahrhundert und erzählt in 10 012 Versen, die heute noch in Liedern wiedergegeben werden, eine Liebesgeschichte. Im gleichen Versmaß werden übrigens auch die neuen *mantinádes* geschrieben. Daneben gibt es die Rebellenlieder, *rizítika,* die oft Heldentaten und historische Ereignisse erzählen und hauptsächlich im Westen der Insel gesungen werden.

Farbenspiele
AM STRAND VON ELAFONISSI

Zauberhaftes Karibikflair fasziniert im Südwesten.

Der exotische Sandstrand von Elafonissi ist nicht ohne Grund einer der bekanntesten und beliebtesten Strände der Insel. Zusammen mit dem gleichnamigen vorgelagerten Eiland bildet er am äußersten Südwestzipfel Kretas eine faszinierende Lagune mit tollen Farbkontrasten. Die karibisch anmutende Strandlandschaft beglückt mit feinem, butterweichem Sand und hübschen Mini-Buchten, kristallklarem und in jeglichen Blau-, Grün- und Türkistönen schimmerndem Wasser und unberührter Natur. Ins Schwärmen kommen Sie am Traumstrand besonders in den frühen Morgenstunden und in der Nebensaison, wenn weniger los ist. Strandfans, die Elafonissi in vollen Zügen genießen wollen, bleiben am besten über Nacht. Dann haben Sie den Strand frühmorgens und spätnachmittags für sich allein.

Das vorgelagerte Inselchen trennen rund 100 Meter vom weitläufigen Sandstrand mit Beach Bars, Liegen und Sonnenschirmen. Das kniehohe und recht warme Wasser in der lichtblauen Lagune können Sie gut durchwaten. Oft bildet sich zwischen Küste und Insel aber auch ein Sandstreifen, der Sie trockenen Fußes hinüberführt. Suchen Sie sich, mit Sonnenschirm und Proviant ausgestattet, ein Plätzchen auf dem Eiland. Es erwartet Sie mit Buchten, in denen das Wasser sanft auf den feinen, weißen Sand plätschert. Getrennt werden die Mini-Buchten von schroffen Felsen. Sanddünen, heimische Sandlilien, unter Naturschutz stehende Strandhyazinthen und die rosafarbenen Abschnitte, die durch zerbrochene Muscheln entstehen, werden vom glasklaren Meer umsäumt und sorgen für Südseeflair.

GLÜCKSVERSTÄRKER

Jeder, der unberührte Strände und Einsamkeit mag, kann, wenn Elafonissi aus allen Nähten platzt, den nahen Kedrodasos Beach aufsuchen. Das wunderbar naturbelassene Areal mit Dünen und Wacholderbäumen ist über eine unbefestigte Straße auf einem 15-minütigen Fußmarsch erreichbar.

GPS-Koordinaten:
35°16'17.2"N 23°32'30.4"E

Sagenhaftes Kloster
CHRISSOSKALITISSA

Eine verehrte Marienikone und geheime goldene Stufen

Sagenhafte Geschichten ranken sich um Chrissoskalitissa, das fotogen auf einer steilen Anhöhe oberhalb einer kleinen Meeresbucht thront. Glaubt man der Baugeschichte, verdankt das – heute liebevoll restaurierte – Kloster die atemberaubende Lage auf dem Felsen einem Wunder. Im 17. Jahrhundert fand ein Bauer eine Marienikone in einer Felsspalte, wollte ihr zu Ehren eine Kirche bauen und platzierte die Ikone am Fuße des Hügels. Die aber bewegte sich von selbst an ihren Fundort zurück, ein himmlisches Zeichen, das ihn überzeugte, das Gotteshaus in luftiger Höhe zu errichten.

Seinen Namen »Goldtreppe« verdankt der Konvent übrigens den 98 Stufen, die Sie beim Besuch erklimmen müssen. Eine davon soll aus Gold sein, kann aber nur von jenen gesehen werden, die ohne Sünde sind. Bisher gelang das niemandem ... Wahrscheinlich hat die Namensgebung ohnehin einen anderen Grund: Die Mönche richteten während der Türkenherrschaft nicht nur eine geheime Schule für griechische Sprache und Kultur ein, sondern versteckten aus Angst vor Plünderung den kostbaren Besitz des Klosters in den Stufen.

Chrissoskalitissa · tägl. 7–19 Uhr

Einzigartig übernachten
IM MILIA MOUNTAIN RETREAT

Sanfter Tourismus lockt in ein verlassenes Dorf.

Wollten Sie sich schon immer mal ein paar Tage lang vor dem Rest der Welt verstecken? Dann finden Sie im Milia Mountain Retreat sicherlich Ihr Glück. Das verlassene Dorf, das in den 1980er-Jahren nach ökologischen Prinzipien restauriert wurde, ist ein Refugium in den Bergen und inzwischen wieder zum Leben erwacht. In den Beeten wächst Gemüse, Obst können Sie selbst pflücken, und aus den Platanen und Kastanien hören Sie die Vögel zwitschern. Ansonsten herrscht in Milia absolute Ruhe.

Das idyllische Fleckchen Erde mit mehreren teils in den Fels gebauten Steinhäusern versetzt Sie in vergangene Jahrhunderte. Im Winter sorgt die ökologische Heizung allerdings für wohlige Wärme, Strom wird durch Solarzellen gewonnen. Wer gern aktiv ist, kann kochen lernen, wandern oder einfach über Felsen klettern. Hochgenüsse verspricht das Restaurant. Das selbst gebackene Brot und allerhand traditionelle Leckereien werden mit vielen Bio-Produkten aus eigenem Anbau gekocht. Nach dem Essen lockt der private Kamin. Und draußen funkeln die Sterne …

Milia · www.milia.gr

Falassarna

KLARES WASSER, FEINER SAND

Kann es schönere Sonnenuntergänge geben?

Die große Bucht mit dem langen, weiten Dünenstrand an Kretas Westküste fasziniert nicht nur Badeurlauber, sondern auch Archäologiefans. Falassarna gilt für viele als einer der schönsten Strände der Insel. Planen Sie den Aufenthalt hier aber an einem Wochentag, wenn es nicht zu voll ist. Und vermeiden Sie Tage mit starkem Westwind, denn aufgewirbelter Sand kann recht schmerzhaft sein. Außerdem ist das Wasser dann manchmal eiskalt.

Überwältigend ist bereits das Panorama, das sich während der Anfahrt durch die weitläufige Ebene eröffnet. Der bis zu 100 Meter breite, flach abfallende Sandstrand leuchtet herrlich weiß und bildet einen fantastischen Kontrast zum Blau des Meeres, dem Grün der Ebene und den schroffen Felswänden im Hintergrund. Der Hang ist mit Olivenbäumen bewachsen und wird von Gewächshäusern geprägt. Eingestreut sind Tavernen, Pensionen und Strandbars, die Sonnenliegen und Schirme vermieten.

Hobby-Historiker sollten am Hang nördlich des Strandes die Ausgrabung der antiken Hafenstadt Falassarna ansteuern, die in nachchristlicher Zeit verlassen wurde. Durch die Lage des alten Hafenbeckens, rund sechs Meter über dem jetzigen Meeresspiegel, können Sie nachvollziehen, dass sich Kretas Westküste in den letzten Jahrhunderten gehoben hat. Teile der Ostküste sind hingegen im Meer versunken. Außer dem Hafenbecken sehen Sie zwischen den lilafarbenen Disteln die Reste von zwei Türmen der Stadtmauer, einer Zisterne und verschiedener Gebäude.

GLÜCKSVERSTÄRKER

Bleiben Sie zum Sonnenuntergang und genießen Sie – nicht nur als eingefleischter Romantiker – den Blick auf die atemberaubend im Meer versinkende Sonne. Wie an kaum einem anderen Platz der Insel wird der Blick auf den Horizont hier durch nichts und niemanden gestört.

Gramvousa
LECKER UND TOLL PRÄSENTIERT

Hervorragendes Essen wird in liebevoll gestalteter Atmosphäre serviert.

Für viele Einheimische und Stammgäste gilt das Gramvousa als eines der besten Restaurants Kretas. Kein Wunder: Das mit Liebe zum Detail dekorierte Restaurant im Dörfchen Kaliviani meistert den Spagat zwischen Traditionen und modernen Ansprüchen vorbildlich, besonders an Tagen ohne riesigen Ansturm. Denn sonst müssen Sie lange auf einen Tisch und auf die Bedienung warten. In dem stimmungsvollen Ambiente mit modern-rustikaler Einrichtung wird nach lokalen Rezepten gekocht. Einige davon stammen sogar noch aus dem 18. Jahrhundert und werden pfiffig abgewandelt. Serviert werden die sorgsam angerichteten Speisen aus regionalen Zutaten – wie das beliebte Lamm mit Honig in Blätterteig oder Ofen-Schafskäse mit Tomaten, Paprika und der Ziegenbutter *stáka* – auf einer tollen Terrasse mit Blick aufs Meer. Der Platz im Schatten dort, zwischen Zitronen- und Gummibäumen, macht sogar die herumstreunenden Kätzchen richtig glücklich. Bedienen Sie sich nach dem Essen am großen Büfett mit frischem, saisonalem Obst auf Kosten des Hauses. Der wunderbare Ausklang eines Strandtages ist im Gramvousa garantiert.

Gramvousa · Kaliviani · www.gramvousarestaurant.com

Südseeflair AN DER LAGUNE VON BALOS

Ein Blick auf Kretas fotogensten Strand

Die bezaubernde Lagune von Balos wird im Sommer täglich von Hunderten Touristen angesteuert. Verständlich, denn das Strandparadies mit dem Südseeflair muss man gesehen haben! Wer die einmalige Strandkulisse allerdings genießen will, sollte Balos nicht zur gleichen Zeit wie die Ausflugsdampfer ansteuern, sondern den frühen Morgen oder den späten Nachmittag bevorzugen. Dann sorgt die einst von Piraten als Versteck genutzte Bucht mit weißen Dünen, Abschnitten aus rosa schimmerndem Muschel- und Korallensand und blau, grün und türkis glitzerndem Wasser auch für ausgiebige Glücksmomente.

Herrlich, aber nicht einsam

Die Lagune finden Sie am äußersten Rand von Kretas westlicher Halbinsel. Die zum Strand führende Piste ist im Sommer recht gut befahrbar. Sie beginnt am Ansatz der Halbinsel hinter dem Dörfchen Kaliviani und endet oberhalb des Strandes.

Von dort oben eröffnet sich eine atemberaubende Aussicht auf das noch etwa 30 Gehminuten entfernte, exotisch anmutende Badeparadies und die unbewohnten Inselchen Imeri Gramvoussa (die »Zahme«) und Agria Gramvoussa (die »Wilde«). Zur Zeit des Sonnenuntergangs erleben Sie hier ein grandioses Farbenspiel. Noch in den 1990er-Jahren waren auf der Halbinsel nur vereinzelte Badegäste und Wanderer unterwegs. Mit Einsatz der täglichen Ausflugsdampfer von Kissamos aus änderte sich das jedoch schlagartig. Im Sommer liefern bis zu vier Schiffe mit Halt an der Festungsinsel Imeri Gramvoussa täglich Hunderte Tagestouristen ab. Doch wenn die Schwärme abends wieder weggeflogen sind, macht die seichte Lagune, die sich zwischen der Halbinsel Gramvoussa und dem Kap Tigani ausdehnt, immer noch sehr glücklich.

Ausflugsboote:
www.cretandailycruises.com

Glück zum Mitnehmen

Unzählige Schuh-, Kleidungs- und Taschengeschäfte lassen das Herz von Mode- und Stilbewussten höherschlagen. Neueste Trends für die Füße, darunter auch stylische handgefertigte Ledersandalen, gibt es in vielen kleinen Läden in Chania oder Rethimno. Eine neue Lieblingstasche bekommen Sie zum Beispiel bei **Kem** oder **DOCA** in Iraklio. Wem es die griechische Mode angetan hat, der sollte einen Blick ins **Xamam** in Chania werfen. Dort sind griechische Modedesigner mit legerer und stilvoller Damenmode vertreten und Sie haben sicherlich die Qual der Wahl …

Sie lieben Schmuck? Dann nehmen Sie sich Zeit, um die Geschäfte ansässiger Juweliere zu durchstöbern. Hübschen Modeschmuck bekommen Sie bei **Tzovairi** in Iraklio, Gold und Silber beispielsweise bei **Ekaterini** in Chania.

Wenn Sie sich gern ein Stück kretischer Kultur mit nach Hause nehmen möchten, sollten Sie auf qualitativ hochwertiges Kunsthandwerk zurückgreifen. Außergewöhnlich und nur hier erhältlich sind etwa die tollen Museumsrepliken, die es selbst gemacht im **Atelier Ceramica** in Agios Nikolaos oder von griechischen Kunsthandwerkern bei **Eleni Kastrinoyanni** in Iraklio gibt. Sie hätten gern eine handgemalte Ikone vom Lieblingsheiligen? Dann schauen Sie auf jeden Fall im **Byzantio** in Agios Nikolaos vorbei.

Register nach Themen

STÄDTE UND NATUR

KUNST UND KULTUR

ESSEN UND TRINKEN

EINKAUFEN

AKTIV UND ENTSPANNUNG

ÜBERRASCHENDES

Impressum

Verantwortlich: Claudia Hohdorf, Sarah Schindler

Lektorat: Juliane Braun

Korrektorat: Viola Siegemund

Layout: Leeloo Molnar

Satz: Silke Schüler

Umschlaggestaltung: Jennifer Glas

Repro: LUDWIG:media

Herstellung: Bettina Schippel

Printed in Slovenia by Florjancic

★★★★★

Sind Sie mit diesem Titel zufrieden? Dann würden wir uns über Ihre Weiterempfehlung freuen. Erzählen Sie es im Freundeskreis, berichten Sie Ihrem Buchhändler oder bewerten Sie beim Onlinekauf. Und wenn Sie Kritik, Korrekturen, Aktualisierungen haben, freuen wir uns über Ihre Nachricht an Bruckmann Verlag, Postfach 40 02 09, D-80702 München oder per E-Mail an lektorat@verlagshaus.de.

Unser komplettes Programm finden Sie unter

www.bruckmann.de

Alle Angaben dieses Werkes wurden von der Autorin sorgfältig recherchiert und auf den aktuellen Stand gebracht sowie vom Verlag geprüft. Für die Richtigkeit der Angaben kann jedoch keine Haftung übernommen werden. Insbesondere bei GPS-Daten können Abweichungen nicht ausgeschlossen werden. Sollte dieses Werk links auf Webseiten Dritter enthalten, so machen wir uns die Inhalte nicht zu eigen und übernehmen für die Inhalte keine Haftung.

In diesem Buch wird aus Gründen der besseren Lesbarkeit das generische Maskulinum verwendet. Weibliche und anderweitige Geschlechteridentitäten werden dabei ausdrücklich mitgemeint, soweit es für die Aussage erforderlich ist.

Da es für das Griechische kein einheitliches Transkriptionssystem gibt, sind Ortsschilder in lateinischer Schrift auf Kreta oft uneinheitlich. Bei Navigationsgeräten und Google kann das zu Problemen führen. Um die Suche dort zu vereinfachen, nutzen wir in diesem Buch bei Orts- und Eigennamen keine Akzente. Die bei anderen griechischen Begriffen verwendeten Akzente sollen hingegen die richtige Betonung vereinfachen.

Bildnachweis: Alle Bilder des Innenteils stammen von der Autorin, außer: Vassilis Giannakopoulos, S. 19; Manolis Vasileiadis, S. 22; Hotel Hara Ilios, S. 29; Creta Maris, S. 33; Vivi Kalaitzaki, S. 42; Markos Skordalakis, S. 53, 133; Gästehäuser Vasilikata, S. 73; Restaurant Vilaeti, S. 75; Kloster Toplou, S. 87u.; Alexandra Theohari, S. 113; Kostas Papadakis, S. 117u.; Anemos Luxury Grand Resort, S. 163; Shutterstock: S. 24 (Boguslaw Szczepanski); 35 (Mikhail Leontyev); 54, 77 u./o. l., 93 o., 121 (Georgios Tsichlis); 70 (Dmytro Yaroshenko); 77 o. r. (Dziewul); 93 u. (Peter Maerky); 95 (Sven Hansche); 103, 125 (Heracles Kritikos); 126 (Paul Cowan); 165 (s_kaisu); 170 (Zoblinski); 179 u. (Eva Bocek); 181 (kokixx); 187 (arkanto)

Umschlagvorderseite: Wanderin im Südwesten Kretas (iStock/Saro17)
Umschlagrückseite: Insel Chrissi (links); Traditioneller Tanz (oben); Restaurant Scala (rechts); Segeltour von Iraklio aus (Manolis Vasileiadis, Klappe vorne)

ISBN 978-3-7343-1453-7